Wolfgang Ulrich Wachs

Retten mit Herz – für das Leben

Ein Notarzt erzählt

novum pro

Bibliografische Information
der Deutschen Nationalbibliothek:

Die Deutsche Nationalbibliothek
verzeichnet diese Publikation in
der Deutschen Nationalbibliografie.
Detaillierte bibliografische Daten
sind im Internet über
http://www.d-nb.de abrufbar.

ISBN 978-3-95840-594-3
Lektorat: Lucy Hase
Umschlagfotos: S. Lührs, D. Blohm,
M. Krause, K. Scheffler, Ch. Köster
Umschlaggestaltung, Layout & Satz:
novum Verlag
Innenabbildungen:
siehe Bildquellennachweis S. 216
Autorenfoto: Ch.Köster

Gedruckt in der Europäischen Union
auf umweltfreundlichem, chlor- und
säurefrei gebleichtem Papier.

www.novumverlag.com

Wohl dem, der seiner Väter gern gedenkt –
der froh von ihren Taten – ihrer Größe
den Hörer unterhält und still sich freuend ans
Ende dieser schönen Reihe sich geschlossen sieht.

Johann Wolfgang von Goethe

VORWORT

Lange habe ich überlegt, woher die Lust, der Drang zu schreiben kommen mag. Inzwischen denke ich, die Antwort gefunden zu haben. Sie müssen ja für so vieles herhalten, also sind es die Gene – aber warum erst jetzt?

Weil wir in eine so schnelllebige Zeit gekommen sind, wo für manche Dinge einfach nichts bleibt als der tägliche „Run“ um alles. Beruf, Verpflichtungen, Anerkennung, auch eigentlich angenehme Dinge, wie Ausflüge planen, Treffen mit Freunden, aber alles hetzt uns hin und her. Selbst schuld, mag mancher denken, aber vielleicht gibt er mir auch ein wenig Recht?

In den letzten zwei Jahren habe ich Aufzeichnungen und Bücher meiner Vorfahren studiert. Lesen kann ich seit über 50 Jahren – warum habe ich es nicht viel früher getan? Zum Teil über 150 Jahre alt, ich konnte feststellen: An manchen Dingen hat sich nicht viel geändert, wie an vielen Unzulänglichkeiten der heutigen Zeit, zum Beispiel im Gesundheitswesen, kaum zu glauben.

Und ich habe bemerkt, dass ich vielleicht auch ein Talent zum Schreiben habe.

Was aber möchte man mitteilen – anderen, die ebenso wenig Zeit haben? Vertrauten habe ich einen kleinen Einblick in manches Kapitel gewährt, sie alle haben mich darin bestärkt: „Mach es einfach, es ist toll“, also habe ich weitergeschrieben, Schreib-Seminare besucht und vieles korrigiert.

Irgendwann fiel die Entscheidung: So kann es nicht weitergehen in der Klinik. Dienst, Dienst, Dienst, die wenigen Stunden der Freizeit waren keine wirkliche Erholung. Also Schluss damit, habe ich mir gesagt. Auch wenn ich gern mit Kollegen gemeinsam in der Klinik gearbeitet habe – meinen Entschluss, in die Rettungs- und

Notfallmedizin mit ganz anderen Strukturen zu gehen, habe ich nie bereut. Es ist nicht ganz einfach, immer an vorderster Front zu kämpfen, umso glücklicher ist man, wenn später mal ein Dankeschön von Patienten oder Angehörigen kommt, die sich an uns erinnern.

Wir kämpfen gegen Krankheit und Tod, nicht immer erfolgreich, aber um Leben zu erhalten und zu retten, Schmerzen zu lindern und auch Trost zu spenden.

Aber wir kämpfen auch oft vergeblich gegen Bürokratismus, Unverständnis bei Politikern und Behörden, das macht uns wiederum krank. Und so schließt sich ein kleiner Kreis mit großen Auswirkungen. Heute mehr denn je, wenn ich in Unterhaltungen mit ehemaligen Kollegen aus Klinikbetrieb oder RD spreche, erfahre ich Unglaubliches. Frust, Demotivation und Unverständnis gegenüber Instruktionen, Anordnungen, Anweisungen, politischen Beschlüssen oder einfach wahnwitzigen Vorstellungen von obersten Behörden, die weder realitätsbezogen, schon gar nicht patientendienlich sind! Wo leben diese Amtsträger, Funktionäre und Politiker überhaupt?

Unser absolviertes Studium nennt sich Humanmedizin, das heißt nicht nur fachliche Qualifikation zählt. Zuhören, Wärme, Nächstenliebe und die gebotene Ehrlichkeit gegenüber den uns anvertrauten Patienten zu respektieren.

Zum Glück wissen viele der Patienten landauf, landab, ihr, die ihr es vielleicht mal seid, nichts von diesen kontraproduktiven Entscheidungen.

Jeder zweite in einem Helferberuf wird inzwischen mindestens einmal im Berufsleben körperlich angegriffen, Tendenz stark steigend. Respektlosigkeit gegenüber Rettungsdienst, Feuerwehr und Polizei sind an der Tagesordnung und keiner tut wirklich etwas dagegen. Das Problem der Gaffer, Leute, die keine Rettungsgasse bilden, sondern lieber „nahe dran sind", um Fotos von Leid und Schmerz zu machen, kennt inzwischen jeder. Auch angemahnte Strafen halten diese Kreaturen nicht davon ab.

Und heute, im Jahr 2017, werden wir in der Weltöffentlichkeit immer wieder konfrontiert mit Terrorismus, die Bilder kennt jeder. Wir sind in solchen Momenten selbstverständlich immer in

Gedanken bei den Opfern und Angehörigen. Ich auch, aber ich denke auch an die Kollegen der verschiedenen Berufsgruppen, die in solchen Situationen gemeinsam ihren schweren Job machen – unter Einsatz ihres Lebens – und immer wieder bleiben Familien, Väter, Freunde und Kollegen zurück, weil Rettungskräfte in Einsätzen sterben – weltweit. Das wird leider nur allzu oft am Rand bemerkt und erfährt nicht genug Würdigung!

Ursprünglich sollte dieses Buch ausschließlich meine Erlebnisse in der Luftrettung darstellen, deshalb habe ich ein -Tagebuch geschrieben, in dem jeder meiner Einsatztage über acht Jahre dokumentiert ist, aber im Verlauf habe ich mich entschieden, auch ein paar Einsätze meiner Notarzttätigkeit aus der Boden- und Wasserrettung mit darzustellen. Um ein wenig Ablenkung und auch ein Schmunzeln zu erreichen, habe ich so einige Kuriositäten aus meinem spannenden Berufsleben zwischendurch eingestreut.

Dieses Buch soll auch dazu beitragen, dem Laien unsere Tätigkeit, die sich ihm vielleicht nicht so leicht erschließt, etwas näherzubringen. Meine Arbeit auch auf der Müritz, dem größten Binnensee Deutschlands, was viele Urlauber, die hierher kommen, nicht mal wissen: So einige haben ich und meine Teams vor Katastrophen gerettet, auch unter Einsatz des eigenen Lebens. Schulausflüge auf dem Wasser ohne Schwimmwesten, Segler oder Angler, die den Wettervorhersagen auf der unberechenbaren Müritz trotzen – viele hatten Glück, dass wir da waren, für einige konnten wir nichts mehr tun, sie wurden erst nach Tagen gefunden.

Und deshalb möchte ich alle gern mitnehmen. Diese unsere Arbeit ist es einfach wert.

Das ABC der Rettungsmedizin

ADIPOSITAS

Fall 1: Diesen Fall habe ich nicht selbst erlebt. Sie werden zu einem Verkehrsunfall (VKU) auf der Autobahn in Höhe BAB 24 gerufen und trauen ihren Augen kaum. Ein Pkw ist auf einen anderen aufgefahren, dieser Familie ist nichts passiert, aber das verursachende Fahrzeug, die Fahrerin war inzwischen zum Glück schon aus dem Auto draußen, hat sich überschlagen und war mit dem Dach auf der Mittelleitplanke aufgeschlagen. Aber darum geht es weniger, die Patientin ist behindert, ein Rollstuhl befindet sich im Wagen und sie wiegt geschätzte 180 Kilogramm. Auch eine ärztliche Kollegin aus S. ist mit dem Notarzteinsatzwagen (NEF) vor Ort. K. stellt sofort klar, dass diese Patientin in keinem Fall im Hubschrauber transportiert wird, würde auch gar nicht gehen. Zum Glück hat die Frau nur geringere Verletzungen, die Anlage eines venösen Zuganges auf herkömmliche Weise gelingt nicht, die lange Nadel der EZIO erreicht nach Durchdringen der Fettmassen am Unterschenkel nicht suffizient den Knochen. Nun stelle man sich nur mal vor, solch eine Patientin ist schwer verletzt und eingeklemmt, nach vielen Diskussionen darüber haben wir gemeint: Dann kann es nicht die Medizin, sondern muss es die Natur eben entscheiden. Nun, die Kolleginnen einigten sich darauf, die Patientin zunächst ins nahe gelegene Klinikum S. zu verbringen, dort Untersuchung und später mit Schwerlasttransporter des Rettungsdienstes in eine Tierklinik zur Computertomografie zu transportieren, da herkömmliche CTs dieses gar nicht schaffen. Und diese Fälle werden immer häufiger und sind unwahrscheinlich aufwendig (körperlich, materiell, logistisch, zeitlich und finanziell). Und gerade heute lese ich eine

Kasuistik aus den alten Bundesländern: ein sechsstündiger Einsatz bei einem adipösen Patienten im ersten Stock seiner Wohnung; selbst ein Kran und die Drehleiter der Feuerwehr konnten nur bedingt etwas ausrichten. Letztlich wurde dieser Patient dann in einer Radladerschaufel transportiert. Unglaublich, da möchte ich mir gar nicht vorstellen, wie diese Probleme in den USA gelöst werden, wo viele dieser Patienten fast täglich vorkommen.

Fall 2: Es ist schon traurig. Ich komme in ein Pflegeheim, eine Schwester oder Pflegerin erwartet uns bereits. Der junge Patient, etwas über 30, Pflegefall, klagt über Bauchweh und Übelkeit. Sein Körpergewicht (circa 260 kg). Ein Schicksalsschlag – keine Frage. Ehemals Rettungsassistent, ist er bei einer Feier auf Glatteis ausgerutscht und es kam zur Querschnittslähmung. Im Zimmer des Patienten sehe ich rechts neben dem Bett einen Nachttisch mit Pflegeprodukten, links einen Kühlschrank mit allem, was noch kränker und dicker macht. Nach nicht ganz einfacher Anlage eines venösen Zuganges fordert er die Schwester auf, ihn zu drehen. Ich weise ihn darauf hin, dass ein Schwerlasten-Rettungswagen auf dem Weg ist, um ihn ins Klinikum zu bringen, zum Ausschnitt von Dekubital-Ulcera, jetzt gebe ich Analgetika und Antiemetika, um ihn von seinen Beschwerden zu befreien. Auffällig für mich ist die mangelnde Diurese; er wird später in eine Uni-Klinik verlegt wegen eines MOV (Multiorganversagen), danach in ein Zentrum in den alten Bundesländern, wo er auch verstirbt. Es tut mir wirklich leid um so einen jungen Menschen.

ALLERGISCHE REAKTIONEN

Eine nicht zu unterschätzende Notfallsituation. Ich möchte berichten von einem Einsatz in der Bodenrettung. Gerade in touristenreichen Gebieten, wie an der Müritz, haben wir in den Frühjahrs- bis Spätsommermonaten immer wieder mit allergischen

Reaktionen jeglicher Art zu tun, am häufigsten natürlich auf Insektenstiche, die über Getränkeflaschen, Verzehr von Kuchen, Eis oder einfach bei Radtouren oder Bootsausflügen passieren. In diesem Fall war ein mit Fahrradtouristen besetzter Bus unterwegs, machte die übliche Pause, und ein Gast konnte es einfach nicht lassen, mit seinem Gehstock in einer Baumhöhle rumzustochern. Dies gefiel den Bewohnern gar nicht, sie schwärmten sofort aus und sahen alle umstehenden Menschen verständlicherweise als ihre Feinde an. Wir wurden mit einem Großaufgebot zum Einsatzort bestellt und es waren bei der ersten Sichtung etwa 25 Menschen betroffen. Also (Massenanfall von Verletzten)MANV, als ersteingetroffener Notarzt und gleichzeitig Leitender Notarzt forderte ich Kräfte und Material zur Versorgung nach. Es war wie ein mechanischer Ablauf: befragen, untersuchen, venösen Zugang legen, Medikamente verabreichen. Es waren natürlich auch Patienten dabei, die ihr Schicksal dramatisierten und damit noch mehr Zuwendung brauchten. Die nächste Frage, die sich stellte: Wohin mit den Patienten? Es war ein regulärer Arbeitstag und ich entschloss mich, die Betroffenen nach vorheriger Anmeldung auf drei Krankenhäuser zu verteilen. Normalerweise steht jedem Patienten ein Rettungsmittel zu, aber dies hielt ich in diesem Fall für unmöglich, zumal Rettungswagen aus anderen Landkreisen bestellt hätten werden müssen. Also wurden die wirklich nicht vital bedrohten circa 15 Patienten in den zur Verfügung stehenden Bus verbracht, hier waren sie unter Beobachtung, und die Bearbeitung der Einsatzprotokolle erfordert ja auch Zeit. Polizei angefordert, die uns als Eskorte führte, und ich begleitete einen vital bedrohten Patienten im RTW, der im Schockraum der Klinik übernommen wurde. Die anderen Patienten blieben zunächst zur Beobachtung und konnten dann schnell das Krankenhaus (KH) wieder verlassen. Noch auf der Rückfahrt zur Rettungswache kam die neue Alarmierung, gleicher Einsatzort, mehrere Menschen von Wespen attackiert. Ich konnte es kaum glauben, denn ich hatte natürlich noch im ersten Einsatz die Rettungsleitstelle (RLST) gebeten, das Ordnungsamt zu informieren, um das Areal zunächst abzusperren, damit sich die Tiere beruhigen konnten und keine

Gefahr mehr von diesem Ort ausging. Manchmal hat man ja eine Intuition; noch bevor wir die Notaufnahme verlassen hatten, und wir waren materialausstattungsmäßig wirklich „ausgebombt", hatte ich mir Flexülen und entsprechende Medikamente aushändigen lassen, mit der Zusage, sie schnellstmöglich zurückzugeben. Man weiß ja nie. Noch während der Anfahrt beorderte ich eine Notärztin zurück zum Einsatzort, wo wir fast gleichzeitig eintrafen, und das Spiel begann von Neuem. Ein ganz schlaues Radler-Pärchen hatte den mit rot-weißem Absperrband markierten Radweg unbedingt ausprobieren müssen und war nun mit anderen Radlern ebenfalls attackiert worden. Natürlich keinerlei Selbstreflexion über ein gewisses Fehlverhalten ihrerseits, im Gegenteil, nur Geschimpfe. „Wären wir nur nicht in den Osten gefahren", damit war schnell klar, woher die Leute kamen, und ich konnte mir einen Kommentar dazu nicht verkneifen. Zum Glück ist keinem wirklich etwas passiert und wir sind für jeden zu jeder Zeit da, aber es hätte schlicht nicht notgetan, wenn man einfache Spiel-

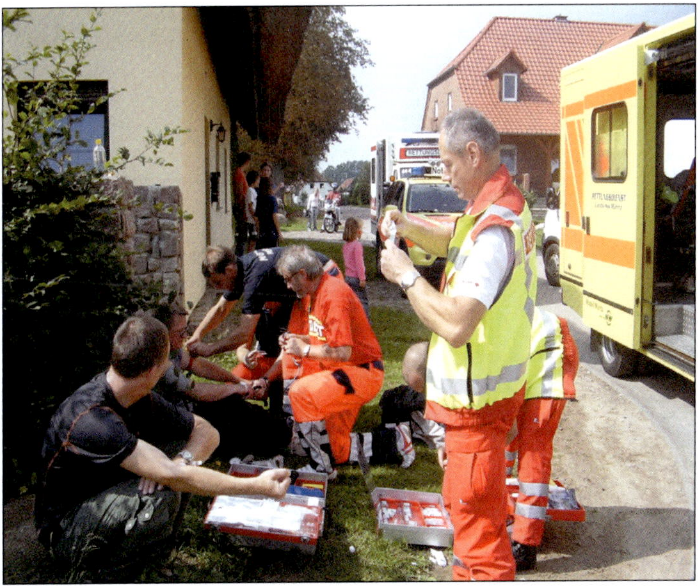

Bild 1: Allergische Reaktion nach Wespenstich (Quelle: privat)

regeln beherzigt hätte. Nach mehr als sechs Stunden waren beide Einsätze abgearbeitet, wir waren in der Rettungswache zurück, um alles für den nächsten Einsatz vorzubereiten, Material aufzufüllen, freizumelden bei der RLST und endlich eine Kleinigkeit zu essen und zu trinken.

ALKOHOL

Dieses Thema könnte tatsächlich allein ein Buch füllen. Um es vorwegzunehmen, ein Kollege war bei einer Patientin mit mehrmals kontrolliertem Wert von 7,2 Promille, die Patientin reagierte, sprach und lief mehr oder weniger allein zum Rettungstransportwagen) RTW. Wir haben „Stamm-Kunden“ im Rettungsdienst(RD), die wir im Monat mehrmals in die Notfallambulanz (NFA) verbringen, wo sie natürlich nicht lange bleiben. Diese unglaublichen Kosten bezahlen wir alle!

AUGENVERLETZUNGEN

Eine dramatische Alarmierung erreicht uns morgens, in einer Augenarztpraxis in der Stadt sei die Arzthelferin der Praxis plötzlich erblindet. Nun macht es keinen Sinn, mit dem Helikopter aufzusteigen und gleich wieder zu landen, noch dazu im Stadtgebiet. Wir bestellen uns einen RTW aus der neben uns befindlichen Rettungswache, er nimmt mich auf und mit Blaulicht geht es in die Arztpraxis. Die junge Helferin war noch vor Praxiseröffnung gerade dabei, die Pflanzen zu gießen, hatte sich dabei heruntergebeugt und plötzlich war „das Licht aus“ gegangen, sie sah nichts mehr und saß nun wie ein Häufchen Unglück vor uns. Auch der augenärztliche Kollege steht hilf- und ratlos vor uns, hat aber dankenswerterweise schon eine Ziel-Klinik ausgemacht. Mit viel Einfühlungsvermögen versuche ich, den inzwischen eingetroffenen Lebenspartner der Patientin zu beruhigen – wir müssen los. Die Patientin, wie ich später erfahre, ist erfolgreich behandelt worden und hat „das Licht der Welt" wiedererblickt. Die eigentliche Diagnose habe ich leider nie in Erfahrung bringen können.

ARBEITSUNFÄLLE

Pieper-Meldung „Person unter Pkw", also müssen wir schnell los. In einem Dorf, man kann es sich kaum vorstellen, ist eine Krankenschwester eines Pflegedienstes unterwegs bei ihrem Patienten und verlässt mit dem Auto den Hof, wie auch an den Tagen zuvor. Da war aber die Dorfstraße noch unversehrt. An diesem Tag ist durch einen Bagger ein mehr als zwei Meter tiefer Graben ausgehoben worden, quer über die ganze Fahrbahn. Die Bauarbeiter gingen zur Pause in ihren Bauwagen – ohne dass auch nur eine Absperrung durch Schilder oder ein rot-weißes Band diese Baustelle sicherten. Und es kommt, was kommen muss, die Sonne steht von vorn, das Auto der Schwester kippt vornüber in den Graben – und darin steht und arbeitet ein Archäologe. Er hatte keine Chance. Das Auto zerquetschte ihn und brach ihm das Genick – ein furchtbarer Anblick. Als ich in den Graben springe, stelle ich sofort den Tod fest, wir können für den jungen Mann nichts mehr tun. Nach Minuten wird endlich der Pkw durch die Feuerwehr aus dem Graben gezogen und wir bergen den Toten. Nach letzter EKG-Dokumentation mit Asystolie begebe ich mich zu der Schwester in den RTW und gebe ihr eine Spritze zur Beruhigung. Ich erwarte die Frage schon, wie es dem jungen Mann geht. Ich bringe es nicht fertig, ihr die Wahrheit zu sagen, spritze langsam das Faustan weiter und versichere ihr, dass ein Notfallseelsorger auf der Anfahrt sei. Natürlich habe ich die Kripo bestellt, aber wie so oft kommen die Beamten sehr spät, inzwischen habe ich den Leichnam der Polizei übergeben. Ich kümmere mich um die Bauarbeiter und biete auch ihnen psychologische Hilfe an. Der Bauleiter versichert mir, sie würden es intern und untereinander klären. In seiner Haut möchte ich aber nicht stecken, darüber müssen letztlich Staatsanwalt und Gericht entscheiden, es wird eine Untersuchung geben. Aber das macht den Archäologen auch nicht wieder lebendig, man kann nur sagen: „Zur falschen Zeit am falschen Ort gewesen.“ Ein Drama, dass er genau da stand, wo der Pkw einbrach.

Bild 2: Archäologe von Pkw erfasst (Quelle: privat)

AMPUTATIONEN

Der Morgen beginnt mit internistisch-neurologischen Einsätzen, keine besonderen Herausforderungen, außer dass wir über Zäune klettern müssen. Und dann kommt er doch noch, der Horror-Einsatz". VKU in der Nähe L. mit eingeklemmter, bewusstloser Person und traumatisch bedingter Arm-Amputation laut Meldung. Mir gehen alle möglichen Dinge durch den Kopf, endlich finden wir die etwas versteckte Einsatzstelle. Beim Eintreffen sehe ich schon den „ausgerissenen Arm" liegen, der Patient hat bereits von der RTW-Besatzung einen venösen Zugang am anderen Arm erhalten und wird über einen Larynx-Tubus manuell beatmet – absolute Anerkennung! Ich sehe die Dramatik dieser Konstellation: Der relativ junge Mann ist mit seinem SUV eine kleine Allee entlang gefahren, vielleicht auch zu schnell, und dann kam der Traktor, den er nicht gesehen hat, plötzlich aus einer Baumreihe aus dem Feld. Der Bauer hatte ein schweres Betongewicht vorn an seiner Maschine. „Die Chancen stehen schlecht", denke ich, der linke Arm ist ausgerissen und schon kühl asserviert, das Gesicht und Frontalschädel zerfetzt, überall her blutet es und ich bin froh, dass die RA des RTW H. ihren Job so gut gemacht haben. Wir versorgen den Patienten weiter, bis er transportfähig ist, und fliegen ihn nach Voranmeldung nach S. Ich bin froh, dass der Larynx-Tubus liegt, und werde nichts tun, daran etwas zu korrigieren. Ich will keine Zeit verlieren, da der Patient meiner Meinung nach kaum Überlebenschancen hat, auch wenn unterhalb des Halses alles unbeschädigt erscheint, „der Kopf ist hin", denke ich. Überlege noch kurz, ob man ihn koniotomieren sollte, verwerfe es aber schnell, um nicht unnötig Zeit zu verlieren. Dann müssten wir ihn erst in den RTW verbringen und dann in den Hubi, das macht aber keinen Sinn. (Es wäre mein zweiter Versuch einer Koniotomie, der erste ging schief. Damals in Berlin als Notarztwagen (NAW) kamen wir zu einem jungen Patienten mit ausgedehntem Larynx-Karzinom, es konnte auch nicht klappen, wie mir die Hals-Nasen-Ohren-Kollegen im Unfallkrankenhaus später bestätigten, die Tumormassen hatten alle anatomischen Strukturen verdrängt).

Zurück zum aktuellen Einsatz: Ich bin froh, als wir den Mann endlich in der Maschine haben, frage M. nach der Flugzeit – 15 Min. –, einerseits beruhigend, andererseits kann solche Zeit sehr lang werden. Ich sauge den Patienten immer wieder maschinell ab, doch das Blut läuft nach. In S. angekommen, sehr angenehme Übergabe im Schockraum, ich kann die Vielzahl der Menschen gar nicht erfassen, die dort auf uns warten, aber jeder macht seinen Job und ich komme dazu, mein Protokoll zu schreiben und mit den Kollegen zu diskutieren. Nachdem bronchoskopisch keine Atemwegssicherung gelingt, wird der Patient tracheotomiert und der Rest des verbliebenen Gesichts mit einem zirkulären Verband versehen, sodass der Eindruck entstehen könnte, eine Mumie liege vor uns. Zwar konnte ich inzwischen Daten über den Patienten einholen, aber wir haben noch keine Angehörigen, mit denen ich gern sprechen würde. Ich stelle mir vor, wie vielleicht eine Ehefrau, Kinder, Eltern oder andere Angehörige oder Arbeitskollegen ihn noch mal gern sehen würden und wie man dies verhindern müsste. Ich habe genügend Begegnungen mit Gevatter Tod gemacht, ohne Skrupel zu haben, jemandem auch nach pathologischer oder gerichtsmedizinischer Untersuchung den Leichnam zur persönlichen Verabschiedung freizugeben. In diesem Fall würde ich aber davon abraten, von diesem Gesicht ist wirklich nicht mehr viel übrig.

Wir fliegen zurück, auch wenn der Flug über S. immer sehr angenehm ist, mit dem Schloss und anderen Sehenswürdigkeiten, kommt keine Freude oder Entspannung auf. Und kaum gelandet in P., bekommen wir schon den nächsten Einsatz: Sekundärverlegung – wieder nach S., wo wir gerade herkamen. Nun gut, Zustand nach Blutung aus dem Magen-Darm-Trakt, nicht transfusions-pflichtig, machen wir doch gerne. Der Transport ist unkompliziert und wir übergeben den Patienten in der Rettungsstelle (RST). Im daneben liegenden Schockraum sehe ich unseren ersten Patienten liegen, der Anästhesist ist gerade dabei, die potenziellen Organspende-Angelegenheiten zu klären, und ich beneide ihn nicht um diesen Job. Bedanke mich aber nochmals für diesen „Empfang vorhin hier". Die Kopf-CT-Aufnahmen haben meine Vermutungen bestätigt, der Kopf einschließlich Gehirn ist völlig hin, Substanzverlust, Verlagerungen und Ödeme werden das Leben dieses jungen Mannes limitieren. Es steht mir nicht zu, Schuldfragen zu klären oder Schuldzuweisungen zu machen, wir haben unsere Arbeit getan und ihn lebend abgeliefert, jetzt möchte ich nicht mehr mit Angehörigen sprechen müssen und fahre nach Hause. Jeden von uns kann es zu jeder Zeit und an jedem Ort treffen.

Zwei Tage später erfahre ich, dass wohl in dem SUV noch der Sohn des Fahrers, ein 12-jähriger Junge gesessen haben soll. Er wurde später im Straßengraben schockig aufgefunden, er hatte seine Mutti angerufen, die dann zur Unfallstelle kam. Das darf einfach nicht passieren, aber weder Polizei, Feuerwehr noch die vielen anderen vor Ort hatten mich darüber informiert oder dies selbst gewusst.

Bild 3: Amputation (Quelle: M. Lindner)

Bild 4: Amputation (Quelle: privat)

BLAULICHT UND MARTINSHORN

Warum fahren wir eigentlich mit Blaulicht und Martinshorn? Ende der 1930er-Jahre wurden das Martinshorn eingeführt (benannt nach der Signalinstrumentenfabrik Max B. Martin) und das Blaulicht. Blau aus dem einfachen Grund, weil es Rot, Gelb und Grün bereits durch die Verkehrsampeln gab. Die erste Ampel der Welt wurde wohl am 5. August 1914 in Cleveland/USA aufgestellt, die erste in Deutschland in den 20er-Jahren.

Menschen, die sich bei Blaulicht und Martinshorn die Ohren zuhalten, wenn wir vorbeibrausen – wenn sie manchmal wüssten, wohin wir fahren oder wen wir transportieren, würden sie vielleicht klatschen. Genug mit Medizinhistorie, das soll Thema des nächsten Buches werden.

Viele Kollegen arbeiten aus unterschiedlichsten Gründen als Klinikärzte im Rettungsdienst, es gibt unverzichtbare Honorar-Notärzte, ohne diese würde das Notfall-System in diesem Land nicht funktionieren, auch wenn dies Institutionen, Behörden oder Politiker nicht akzeptieren wollen. Und solch einen Standard flächendeckend vorzuhalten, kostet nun einmal viel Geld. Wenn man sich nur umschaut, wo nicht alles sinnlos Geld verschwendet wird, die Liste wäre zu lang, um sie hier aufzuführen. Fahrzeuge, medizinisches Gerät und Alarm-Melder sind die elementarsten Ausrüstungsgegenstände für uns, die rund um die Uhr funktionieren müssen. Wenn nicht, müsste Abhilfe geschaffen werden – schnell –, so wie man von uns erwartet, schnell beim hilfsbedürftigen Patienten zu sein. Und genau das funktioniert eben oft nicht, weil es Geld kostet, worum ständig gefeilscht wird, als müssten es die Verantwortlichen aus der eigenen Tasche bezahlen. In Einsätzen, egal ob Großstadt oder in ländlichen Regionen – Armut, entgegengesetzt meinen Vorstellungen von diesem Land, gibt es mehr, als wir glauben. Egal ob Ost oder West, mancher ahnungslose, aber besserwisserisch tuender Politiker sollte es mal sehen – was passiert wirklich vor unserer eigenen Haustür – in Deutschland im Jahr 2017! Nicht weniger dramatisch sind die aktuellsten Erscheinungen der „Völkerwanderung“, die auch Rettungsdienst, Polizei und Feuerwehr vor neue große Herausforderungen stellen. Meine Einsätze durch mehrere Bundesländer zeigen es mir immer wieder – unglaublich –, ich hätte es nie gedacht.

BLUTUNGEN

Hier sind alle Varianten möglich und erlebt – ob durch Haus-, Arbeits-, Verkehrs- oder Sport- und Freizeitunfälle, gynäkologische, internistische Blutungen, Aneurysmata. Besonderen Respekt aber habe ich immer bei Blutungen, wenn die Patienten gerinnungshemmende Mittel (zum Beispiel Falithrom) einnehmen.

Beim folgenden Einsatz wird mir schon etwas komisch: Auf dem Pieper steht Fall 1: „Stichverletzung durch sein Gesicht, von der Nasenwurzel bis in die Mundhöhle“. Was soll das denn sein? Wir fliegen nach Niedersachsen, RTW und NEF vor Ort, eine kleine, hübsche Notärztin erwartet uns bereits. Ein junger Mann wollte einen erlegten Hirsch bearbeiten, ist mit dem Zerlege-Messer abgerutscht und hat sich das Teil durch das Gesicht gejagt. Er ist gut versorgt und unsere Aufgabe ist es, ihn in ein Zentrum für Mund-Kiefer- und Gesichtschirurgie zu bringen. Also auf nach S., wo wir von freundlichen Kollegen mehrerer Fachrichtungen erwartet werden, ein hoch gestellter Daumen soll mir offensichtlich zeigen: super Patienten-Übergabe, ein Thema, an dem wir stets und ständig arbeiten müssen.

Fall 2: Jetzt geht es um einen Intensivpatienten, der dringend verlegt werden muss, es wird noch ein Arzt-Arzt-Gespräch geben. Pilot checkt das Wetter, ich mache schnell für jeden ein halbes Käsebrötchen fertig, damit wir wenigstens etwas im Magen haben; wer arbeitet, soll ja auch essen! Dankende Blicke erreichen mich kurz, Hubi wird rausgefahren und ich eile schon zur Intensivstation, um Informationen zu bekommen und damit keine Zeit verloren geht. Ehrlich, so hatte ich mir meinen 501. Einsatz nicht vorgestellt, aber die Veranstaltung heißt ja nun mal Dienst und wir werden dafür bezahlt. Auf der Intensivstation (ITS) bekomme ich eine ordentliche Übergabe des Patientin von J., wie wir es eben untereinander gewohnt sind, will sagen: So klappt es nicht immer und überall. Schwerkranker Patient, intubiert und beatmet, mit arterieller Leine, Zentraler Venenkatheter (ZVK), an dem vier Spritzenpumpen angeschlossen sind, dazu noch drei

Erythrozytenkonzentrate, sprich Blutkonserven, da der Patient seit zweieinhalb Tagen vor sich hin blutet, ohne dass eine entsprechende Blutungsquelle im Magen-Darm-Trakt nachgewiesen beziehungsweise gefunden werden konnte. In den Unterlagen finde ich fragliche B-II-OP, der Patient nimmt Falithrom und hat noch einige Erkrankungen mit 81 Jahren, also, es ist schon kritisch und wir sollen ihn nach S. zur weiteren Diagnostik und Therapie bringen. Schon eine Herausforderung, die wir aber gut meistern, und wir können ihn ohne Komplikationen in S. übergeben. Auf spätere Nachfrage stellt sich heraus, dass er wohl doch aus dem Anastomosenbereich geblutet hat. Der gesamte Einsatz ist sehr aufwendig und wir kommen gegen halb zwölf mittags erst zum Frühstück.

BOLUSTOD

Bereits während meiner Studienzeit während einer freiwilligen Hospitation in einem pathologischen Institut wurde mir ein Patient demonstriert, der am Bolustod, einem Reflextod, verstorben war. Typisch für diese dramatischen Fälle sind Biergärten oder Kneipen. Es wird reichlich Alkohol konsumiert, dann zum Beispiel eine Bockwurst verspeist und ein Happen bleibt im Hals stecken. Es dauert nur Sekunden und der Patient fällt tot vom Stuhl (heute würden sofort Fotos von anderen Gästen gemacht, sieht man ja nicht alle Tage, dass jemand neben einem tot umfällt). In unserem Fall war es etwas anders: Wir werden in einen Landgasthof gerufen mit dem Stichwort: „Atemnot". Eine Geburtstagsfeier ist unschwer auszumachen, alle reden durcheinander, natürlich alkoholisiert. Das „Geburtstagskind" liegt auf dem Boden neben dem Tisch, blau angelaufen, und schnappt nach Luft. Viele Gäste an den Nebentischen sind völlig unbeteiligt am Geschehen, es wird geglotzt und weiter geschmatzt, ich könnte ausrasten – keiner hilft. Wir ziehen die Patientin schnell in eine Ecke, ich bitte zwei Kellnerinnen, uns mit Tischdecken vor den Gaffern etwas abzuschotten. Neben sofortiger Sauerstoffgabe lasse ich mir ein Laryngoskop und eine Magill-Zange reichen und mache „Licht im Hals". Inzwischen habe ich in Erfahrung gebracht, für welches Gericht sich die Delinquentin laut Speisekarte entschieden hatte. Rouladen, Rotkraut und Klöße, genau das alles kam mir bei der Leerung des Mund-Rachenraumes entgegen. Danach konnte ich unter Sicht das Corpus Delicti ausmachen, ein Lorbeerblatt flatterte im Kehlkopfbereich auf und ab und ließ offenbar die Ausatemluft raus, aber verschloss den Eingang zur Luftröhre beim Einatmen. Ich konnte das Lorbeerblatt mit der Zange greifen und entfernen. Eindrucksvoll, wie sich die Sauerstoffsättigung erholte und anstieg, die Hautfarbe normalisierte sich und die Patientin klarte langsam wieder vom Bewusstsein her auf. „Herzlichen Glückwunsch zum Geburtstag", sagte ich, noch schwitzend, gleichzeitig bat ich meine Rettungsassistenten, die Trage zum Abtransport zu holen. Denkste, genau in diesem Moment sagte die Patientin: „Wieso Trage, ick jehe weiter essen, hab ja Jeburtstach, 78 werd ick nur eenmal." Ich weise sie auf die Notwendigkeit einer weiteren Überwachung hin, aber ich habe keine Chance, sie ist völlig fit und bittet die Kellnerinnen, ihr Essen aufzuwärmen. Alles Reden hilft nichts, sie unterschreibt, dass sie gegen ärztlichen Rat und auf eigene Verantwortung handelt. Wenigstens das Versprechen, falls Probleme auftreten sollten, kann sie uns bitte jederzeit wieder anfordern, kann ich ihr abringen. Bevor ich mich versehe, umschlingt sie mich, erdrückt mich fast an ihrem Busen und bedankt sich. Dann will sie aber ein Geburtstagsbier trinken. Offenbar ist die weitere Geburtstagsfeier problemlos verlaufen. Auf dem Rückweg fällt mir eine Kasuistik ein, die mein Freund und Kollege Th. H. immer zum Besten gab, ähnliche Situation in einer „Spezialitätengaststätte" in B. Bei der Absolvierung meiner geforderten 400 Pflichteinsätze auf einem Notarztwagen in den 90iger-Jahren, um dann selbst Notarzteinsätze fahren zu können, habe ich von ihm sehr viel gelernt – Danke, Th.!

Bild 5: Bolustod (Quelle: privat)

BOMBENALARM

Es ist 4:05 Uhr morgens, als der Pieper schrillt. Ich drücke kurz auf das Display, bevor ich in die Uniform springe. Einsatzstichwort: herrenloser Koffer auf Marktplatz – Bombenalarm! Munitionsbergungsdienst (MBD) vor Ort. Los geht's, die Kollegen vom MBD dürfen nicht beginnen, bevor nicht medizinische Hilfe für den Notfall vor Ort ist. In wenigen Minuten haben wir den Einsatzort erreicht, alles ist schon durch die Polizei abgesperrt, zum Glück gibt es zu dieser Zeit noch keine Gaffer. Ich bekomme eine Lagemeldung vom Einsatzleiter MBD, eine Reisetasche mit unbekanntem Inhalt wird uns mitten auf dem Markt liegend und gut erkennbar gezeigt, darauf wurde ein gemaltes Logo des IS

(Islamischer Staat) und ein Schriftzug „Allah ist mächtig“ identifiziert. Es ist heutzutage kein Spaß mehr, man muss mit allem an jedem Ort rechnen. Diese Verbrecher, sollte es sich bewahrheiten, machen vor keiner Stelle auf der Welt halt. Folgende Vorgehensweise wird mir offeriert: Zunächst postiert der Einsatzleiter ein kleines mobiles Röntgengerät, um den Inhalt der Tasche zu detektieren. Sollte es in diesem Moment zu einer Explosion kommen, seien wir dran, sagt er ganz ruhig. Aus entsprechender Entfernung beobachten wir das Geschehen mit angespannten Gesichtern und mulmigem Gefühl in der Magengegend. Ein rotes Funkellicht zeigt uns den arbeitenden Apparat, aber die Erkenntnisse sind nicht eindeutig, sodass im zweiten Schritt der mitgeführte als Kettenfahrzeug (Gummi) hochausgestattete, etwa eine halbe Million Euro teure Roboter zum Einsatz kommen wird. Wir sehen ihn in der Dunkelheit der Nacht auf das Corpus Delicti zufahren, ganz gemächlich. Die Spannung steigt weiter bei uns, in meinem Kopf spulen sich Gedanken zu einem Szenario ab, die ein MANV auslösen würden (letzter Einsatz solcher Art erst vor knapp drei Wochen als Leitender Notarzt LNA erlebt, Brand im Pflegeheim) – jetzt um diese Zeit – Evakuierung der Innenstadt, wenn es wirklich knallt, noch viel schlimmer. Auch heute bin ich wieder als LNA eingesetzt und überlege, welche Kollegen mir aus der näheren Umgebung zur Verfügung stehen würden.

Was ist nur aus dieser Welt geworden? Angst verbreitende Gangster und Verbrecher (dazu zähle ich nicht nur die religiös Verblendeten, sondern auch die Politiker und Waffenlobbyisten weltweit, denen das Leid anderer im eigenen Interesse völlig egal ist, sie bestimmen über das Leben friedfertiger Menschen), keiner kann sich mehr irgendwo in Sicherheit wiegen.

Zurück zum Einsatz: Als die Spannung auf dem Höhepunkt ist, Robi (so nenn ich das teure Gefährt mal) hat die Tasche inzwischen mit seinen Greifarmen erfasst und in die Luft gehoben, etwa einen Meter hoch, und sie dann fallen lassen, das nenn ich einen „Kick“. Nun kommt der Einsatzleiter auf mich zu und gibt vorsichtig Entwarnung. Wie immer in all unseren Berufen ist Empirik eines der wichtigsten Kriterien für unsere Professionalität, bei einem Mann wie ihm und in seinem Job sowieso. Er hält den Inhalt der Reisetasche für Zeitungspapier, eher ungefährlich. Und wird sich nun vor Ort ein Bild machen. Er hat zum Glück Recht, nur zerknülltes Papier. Wer nur macht mit solchen Dingen Scherze? Es ist nicht zum Lachen; welcher Kranke hat bei solchen Aktionen ein Glücksgefühl? Es geht nicht darum, dass wir umsonst aufgestanden sind nachts, sondern darum, dass uns Kranke oder lebensbedrohlich Verletzte mehr gebraucht hätten, genau zu diesem Zeitpunkt. Es ist meine zutiefst ehrliche und überzeugte Meinung, dass in unserem Land Delikte solcher Art, wie viele andere auch, ungenügend und nicht hart genug bestraft werden. Die Liste dafür ist lang und wir können uns tagtäglich davon überzeugen. Inzwischen dämmert es bereits, viele Menschen schlafen noch, weil sie in kurzer Zeit wieder zur Schule müssen, arbeiten gehen, vielleicht nur mal ausschlafen wollen und vieles mehr. Zum Glück werden sie erst aus der Presse erfahren, in welcher potenziellen Gefahr sie sich be-

Bild 6: Bombenalarm – Robi im Einsatz (Quelle: privat)

funden haben. Nachdem wir uns von den Kollegen der Polizei und des MBD mit viel gegenseitigem Dank und Respekt verabschiedet haben, kehren wir zur Rettungswache zurück. Kaum hingelegt, geht der Pieper und wir fahren zum nächsten Einsatz.

Bild 7: nach Bombenalarm (Quelle: privat)

BRÄNDE

Zu Bränden werden wir natürlich oft gerufen; sei es, um betroffene Patienten zu behandeln, oder zur „Bereitstellung“ bei Brandereignissen jeglicher Art, wo vorwiegend ein RTW abgestellt wird, zum Beispiel, wenn Feuerwehrkameraden noch im Einsatz sind und denen etwas zustößt.

BOOTSBRAND

Fall 1: Es ist Ostern – Karfreitag, Ostersamstag und Ostermontag habe ich Dienst, nur der Sonntag ist frei. Die frühlingshaften Temperaturen lassen uns am Hafen frühstücken, wir sehen viele Boote und Yachten auf der Müritz, Kinder und Familien tummeln sich an Bord. Später sitzen wir zu Hause, planen den nächsten Urlaub. Ich erhalte einen Anruf, ob ich von einer Explosion im Warener Hafen gehört hätte. Ich rufe die RLST an und frage nach – ja, es hätte dort auf einem Boot eine Explosion gegeben, noch keine weiteren Informationen sind bekannt. Auf meine Anfrage, welcher Notarzt oder welche Notärzte dort seien, wird mir mitgeteilt, derzeit seien alle im Landkreis befindlichen Notärzte in anderen Einsätzen. Ein RTH sei aber alarmiert. Ich frage, ob ich hinfahren soll, bin nur einige Straßen vom Hafen entfernt. Aber es sei doch mein freier Tag, heißt es von der RLST, aber „wenn Sie so nett wären“. Ich ziehe mich schnell an, Blaulicht aufs Auto und los geht's, in fünf Minuten bin ich da, bahne mir mithilfe der Polizei den Weg durch die Massen an Schaulustigen und suche den Einsatzleiter Feuerwehr. Eine Yacht im Hafen steht im Vollbrand – darauf habe ich vorhin die Kinder spielen sehen. In dem Moment kommt der RTH eingeflogen, im vor Ort befindlichen RTW wird eine Frau mit Schocksymptomatik betreut, ich kümmere

Bild 8: Bootsbrand Hafen (Quelle: privat)

mich zunächst um sie und übergebe sie an die Hubschrauberärztin. Dann gebe ich eine Lagemeldung an die RLST, zum Glück gibt es keine Verletzten. Die Feuerwehr tut ihre Arbeit und verhindert ein Übergreifen auf andere Boote – Danke. Für mich gibt es hier nun nichts mehr zu tun, melde mich bei der RLST ab, die Kollegen danken mir ehrlich und ich genieße weiter meinen freien Tag.

CHEMIEUNFÄLLE

In der Funktion als LNA werden wir zu einem Autobahn-Parkplatz alarmiert. Stichwort: „Gefahrgutunfall".

Mein erster Gedanke: Zum Glück keine Autobahn-Raststätte, in der sich viele Reisende befunden hätten. Mitalarmiert sind Einsatzleitung und Löschzüge der Feuerwehr, Polizei und Rettungsdienst mit mehreren RTW. Ein größerer Bereich des Parkplatzes ist bereits abgesperrt, die Menge der Einsatzfahrzeuge reicht bereits bis zurück auf den BAB-Randstreifen vor dem Parkplatz. Im Sperrbereich befindet sich ein Lkw, 7,5 Tonnen, von dessen Ladung bisher unbekannte Flüssigkeit tropft. Weiterhin ein ausländischer Truck und ein Pkw. Bisher ist völlig ungeklärt, um welche Substanzen es sich auf dem Lkw handelt, der inzwischen von der Polizei befragte Fahrer kann dazu keine Angaben machen, er weiß es nicht.

Die Autobahn-Polizei lässt die BAB nicht sperren, regelt den laufenden Verkehr über die Überholspur. Wie zu erwarten, verlangsamen einige Fahrer dort immer wieder ihre Geschwindigkeit, um zu schauen, was denn rechts von ihnen los ist. Eine große Gefahr, wir kennen das ja von Verkehrsunfällen, wo Kameras gezückt werden und sogar an Verletzten vorbeigefahren und nicht geholfen wird – ein schlimmer Trend. Da auch wir noch keinen Zutritt haben, überlege ich inzwischen, welche Windrichtung liegt vor, wo könnte man einen Behandlungsplatz einrichten oder welche Kräfte müsste ich gegebenenfalls nachfordern, und ich gebe als LNA eine Lagemeldung an die RLST.

Der Gefahrgutzug der Feuerwehr geht unter Atemschutz vor, öffnet den Lkw und sortiert verschiedenste Behälter aus. Plötzlich sehe ich ein Kind dort rumlaufen und glaub es kaum. Der Junge saß wohl mit in dem verursachenden Lkw. Inzwischen signalisiert uns der Einsatzleiter Feuerwehr, dass wir die im Bereich befindlichen Personen evakuieren können. Die Pkw-Insassen sind einsichtig, lassen sich in eine Klinik bringen. Bei dem ausländischen Trucker-Fahrer wird es schon schwieriger, er versteht die ganze Aufregung nicht und will weiterfahren. Zum Glück findet sich ein Dolmetscher, der ihm mitteilt, dass ich ihn vor entsprechenden Untersuchungen nicht fahren lassen werde. Ich verspreche, dass es schnell geht, da willigt er ein. Den Jungen bringen wir zunächst im RTW unter, meine Untersuchungen ergeben nichts Pathologisches. Der Vater wird noch von der Polizei befragt, inzwischen ist auch die Presse vor Ort und erwartet von mir als LNA ein Statement. Inzwischen ist ermittelt, dass es sich bei der Ladung um unterschiedlichste Substanzen handelt, am gefährlichsten sind dabei wohl irgendwelche Epoxid-Harze, die ausgelaufen sind. Der Einsatzleiter Feuerwehr, mit dem ich ständig in Kontakt bin, gibt alles für den Rettungsdienst frei und wir verbringen Vater und Sohn ebenfalls in stationäre Obhut. Die Feuerwehr hat noch lange zu tun, aber bevor wir die Einsatzstelle verlassen, informiere ich die RLST und meine Ärztliche Leiterin Rettungsdienst. Zum Glück ist alles glimpflich abgegangen, aber das weiß man vorher nicht und man muss immer mit allem rechnen.

Bild 9: Gefahrgut-Unfall Autobahn (Quelle: privat)

Bild 10: Gefahrgut-Unfall Autobahn (Quelle: privat)

Bild 11: Gefahrgut-Unfall Tanklaster (Quelle: privat)

CHEMIE-UNFALL SCHULE

Ein Einsatz Ende des Jahres 2015, bei dem ich nicht selbst involviert war, aber als LNA unverständlicherweise nicht alarmiert wurde. In einem Schulgebäude war in einem Chemieraum ein völlig veraltetes Regal zusammengebrochen. Darin befanden sich unterschiedlichste Substanzen, die so sicher nicht hätten gelagert sein sollen und dürfen. Komischerweise ist dies offenbar nie jemandem aufgefallen. Zum Glück wurden alle Schüler umgehend evakuiert und der Gefahrgut-Trupp der Feuerwehr rückte an, um alle potenziellen Schäden zu beseitigen, natürlich nicht umsonst, sondern da werden Kosten fällig, die man sicher mit etwas Kontrolle und Abänderung hätte vermeiden können. Das Wichtigste aber, es ist kein Kind zu Schaden gekommen. Dennoch mein Appell an Eltern, Lehrer, Schuldirektoren oder andere Verantwortliche – einmal mehr Mut zu Kritik und Offenheit – Abschaffung von Missständen, bevor etwas Schlimmes passiert.

Bild 12: Chemie-Unfall Schule (Quelle: St. Radke)

Bild 13: Chemie-Unfall Schule (Quelle: St. Radke)

CEREBROVASCULÄRE GESCHEHEN (ICB/INSULTE/ANEURYSMATA)

Fall 1: Schon morgens scheint die Sonne, es scheint ein schöner Tag zu werden. Irgendwann geht auch der Pieper an, wieder eine Verlegung als Sekundärtransport. Das erste Opfer des 1. Mai, „Kampftag der Werktätigen", in diesem Fall wohl eher Kampf-Trinker, er wurde mit einem Alkoholspiegel von 3,7 Promille nachts um drei auf der Straße aufgelesen, das cCT ergab eine Kieferfraktur und eine ICB, er ist noch nicht ganz nüchtern und wir fliegen ihn nach S.

Fall 2: Stichwort: Bewusstlos, weiblich, 26 Jahre in Wohnung (ehrlicherweise muss ich sagen, ich hatte eher gedacht geboren 26). Bereits auf der Anfahrt wird uns mitgeteilt, Telefon-Reanimation läuft. Als ich den Wohnungsflur dann einsehen kann, weiß ich, die Frau ist wirklich jung und die Chancen stehen nicht gerade bestens. Ich will es ganz klar sagen, in solchen Situationen, ohne

Abwertung anderer, ist es gut zu wissen, wer da neben dir im Einsatz ist, es ist so wichtig. Und ich weiß, wer vor uns die Treppen hochgestürzt ist (N. und J.). Wir kommen fast gemeinsam oben an und schon ist klar, Reanimation professionell, alles, was geht. Ich muss nicht viel sagen, nur anweisen, N. bleibt am Kopf, intubiert, ich versuche peripher zu punktieren, geht nicht, also her mit der EZIO (Bohrmaschine) – Zugang liegt auch. Alle Maßnahmen nützen nichts – die Frau ist tot, auch wenn man es nicht wahrhaben will. Zur Dokumentation schreiben wir zeitversetzt EKG-Protokolle. Im Wohnzimmer schreien die kleinen circa einjährigen Zwillinge, der Lebensgefährte ist relativ gefasst, obwohl er sicher noch nicht überblicken kann, was das alles jetzt heißt. Dann kommt nach und nach die ganze Familie: Eltern, Schwestern, Oma, es ist wirklich ein Drama. Ich hatte bereits die Polizei/Kripo angefordert, ebenso einen Notfallseelsorger vom Krisen-Interventions-Team (KIT). Irgendwann kommt der Moment, wo man auch in solch einer Situation klaren Kopf behalten und eine Entscheidung als Notarzt treffen muss. Und ich treffe sie – ich weise an, die Reanimationsmaßnahmen zu beenden, zur Dokumentation auch später nochmals eine EKG-Ableitung zu drucken. Und es folgt dieser immer schwierige Gang zu der Familie. Meistens, wenn es die Situation zulässt, mache ich dies schon zwischendurch, rede mit den Angehörigen, dass es nicht gut aussieht, selten gibt es einen anderen Ausgang. In diesem Fall ist es besonders dramatisch, die tote Frau liegt in dem kleinen Flur und die eingetroffenen Angehörigen müssen über sie hinwegsteigen, um ins Wohnzimmer zu kommen. Dankenswerterweise erscheint bald der Notfallseelsorger, auch eine Entlastung für mich. Ich habe mit der Polizei zu tun, der Kriminaldauerdienst (KDD) verlässt angeblich nach einem Überfall auf ein Juweliergeschäft in W. bereits die Stadt auf dem Weg nach N. (angeblich sei Schichtwechsel – ich glaub es einfach nicht). Da die Auffindungssituation der Leiche bereits mehrfach verändert wurde, ist es natürlich schwierig, also plädiere ich dafür, den Leichnam abholen zu lassen, auch um die Situation für die Familie zu entschärfen. Die Polizei kontaktiert ihren Führungsoffizier, er will dafür sorgen und versteht die missliche Situation. Wenige Minuten später kommt das Dementi, alles muss so bleiben, bis der KDD da war, ich fasse es wieder nicht. Ich verabschiede mich, spreche mein Mitleid aus und versuche sie insofern zu beruhigen, dass wir einfach mit all unseren Maßnahmen keine Chance hatten. Ich will mich gar nicht über das unsägliche Unvermögen der Behörden weiter auslassen, letztlich wurde der

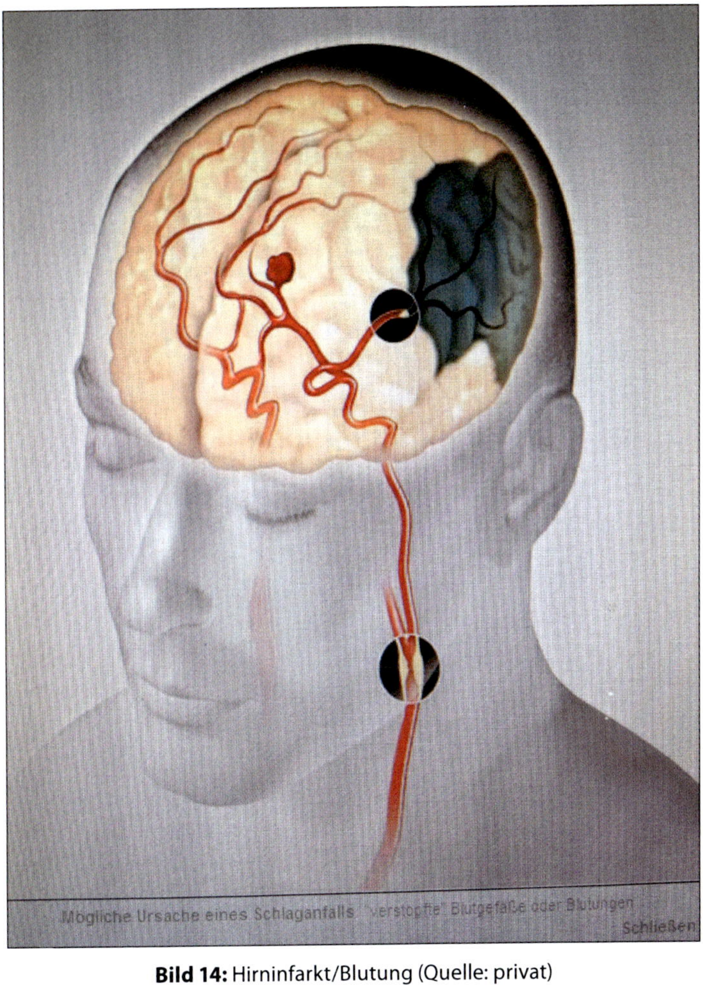

Bild 14: Hirninfarkt/Blutung (Quelle: privat)

Leichnam nach drei(!) Stunden abgeholt, inzwischen waren die Angehörigen, wie mir berichtet wurde, völlig dekompensiert und das mit Recht. Letztlich blieb ja alles offen, woran ist diese junge Frau gestorben? Keine Vorerkrankungen, keine Medikamente, auf jeden Fall eine „NICHTNATÜRLICHE TODESURSACHE". Später habe ich erfahren, dass die Ärztin der Kassenärztlichen Vereinigung wohl dahingehend bedrängt wurde, daraus einen natürlichen Tod zu machen. Was ist das denn? Wir wissen alle, dass viele Todesursachen ungeklärt sind und viele als „Natürlicher Tod" deklarierte Fälle dieses nicht sind, keiner kennt die wirklichen Zahlen. Aber wenn selbst die Behörden so agieren und offenbar nicht an einer Todesursache interessiert sind, stellen sich für mich viele Fragen. Zufälligerweise habe ich in Kürze eine Hospitation in der Rechtsmedizin in G. geplant und nach einigen Recherchen habe ich erfahren, dass der Leichnam nun doch dort zur Obduktion eingetroffen ist. Mir wurde außerdem bestätigt, dass wir zu keinem Zeitpunkt eine Chance auf Rettung der Patientin hatten, es war eine Aneurysma-Blutung im Kopf, davon war bisher aber nichts bekannt.

DIALYSE

Vor Dialysepatienten hatte ich in meiner Zeit als Berliner Notarzt immer großen Respekt, um nicht zu sagen, vor diesen Einsätzen hatte ich sogar Angst. In der doch sehr breit gefächerten Variabilität des klinischen Alltages nebst mehrjährigem Einsatz in der Rettungsstelle hatte ich doch mit diesem Patientengut nie wirklich etwas zu tun. Und diese Patienten sind schwerstkrank, der Umgang mit ihnen ist manchmal nicht ganz einfach, weil sie oft multimorbide sind und eine lange Krankengeschichte hinter sich haben. Also war ich froh, wenn man sie schnell mit dem NAW in eine Dialysepraxis oder ein entsprechendes Zentrum verbrachte. Auch meine Zeit auf einer großen Intensivstation in der Hauptstadt, wo wir selbst Nierenersatzverfahren durchgeführt haben, hat diesen Respekt nie mindern können. Manchmal ist es im Leben so, dass man sich beruflich umorientieren möchte, die Gründe dafür mögen mannigfaltig sein. So beschloss ich selbst, mich mit Mitte 40 einer neuen Herausforderung zu stellen, und wollte Nephrologe werden. Aus der Hauptstadt nach Mecklenburg-Vorpommern – eine doch etwas andere Welt – auch hinsichtlich des Rettungsdienstes, an dem ich weiterhin in meiner Freizeit teilnahm. Relativ schnell merkte ich aber, dass dieses Teilgebiet der Medizin nicht das war, was ich bis zu meiner Pensionierung machen wollte, gab auf und wurde nach zwei Jahren hauptamtlicher Notarzt. Sicher hat mir die Tätigkeit in der nephrologischen Praxis die Ängste vor diesen Patienten genommen, sie sind übrigens sehr dankbare Patienten. Ein Vorteil, ich konnte in dieser Zeit meine Promotion zu Ende führen. Sicherlich hat manches im Leben seinen Sinn und ist sogar vorbestimmt. Ich kann retrospektiv nur sagen, ich wünschte mir heute, die Zeit der Lehre zum Chemiefacharbeiter, die Armeezeit und eben diese Zeit von zwei Jahren (mit kaum einem fachlichen Vorteil für mein weiteres Leben) – sechseinhalb Jahre – für meine berufliche Tätigkeit als Notarzt gehabt zu haben. Wie vielen Menschen hätte ich vielleicht in dieser Zeit helfen können.

DIENSTE/DOKUMENTATION/STRAFVERFOLGUNG

Wie viele andere Berufsgruppen, die in Schichtsystemen arbeiten, sind wir im Rettungsdienst in Situationen, wo Mangel an Personal aus unterschiedlichsten Gründen herrscht. Gerade im Notarztwesen, die jüngste Vergangenheit ist in den Medien oft diskutiert worden. Ohne Honorar-Notärzte würde ein flächendeckend funktionierendes Notarzt-System einfach zusammenbrechen, weil nicht genügend Notärzte, erst recht hauptamtlich tätige NÄ wie ich, zur Verfügung stehen. Wir behaupten von uns nicht selten, dass wir immer „mit einem Bein im Gefängnis stehen", das ist auch so. Eine der wichtigsten Aufgaben im Notarztgeschäft ist eine lückenlose und nicht anfechtbare Dokumentation in den entsprechenden Einsatzprotokollen. Wie viele verschiedene gibt es davon in diesem Land, allein in der Luftrettung, wo ich über acht Jahre tätig sein durfte, Einsätze in mehreren Bundesländern geflogen bin, gab es allein für mehrere Bundesländer unterschiedliche Leichenschauscheine. Ohne Kommentar. Diesbezüglich habe ich meinen „Lehrern" in Klinik und Präklinik viel zu verdanken und mich bemüht, dem gerecht zu werden. Nicht nur inhaltlich, sondern auch vom möglichst lesbaren Schriftbild her. Dies ist oft nicht leicht, die Zeit ist knapp, es kommen Folgeeinsätze oder man möchte einfach mal was essen. Ich kenne Kollegen, die erst in der Notaufnahme ihre Einsatzprotokolle schreiben, ich habe immer angestrebt, mit fertigen Protokollen die Arzt-Arzt-Übergabe zu realisieren, aber so hat jeder seinen Modus zu finden. Aber wehe, ein Einsatzprotokoll ist nicht vollständig (inklusive einer Unterschrift und Stempel) und es kommt ein Anruf, eine Nachfrage oder eine Vorladung zu einer Befragung oder gar Vernehmung durch staatliche Institutionen. In zwanzig Jahren Notarzttätigkeit bin ich zweimal in solch eine Situation gekommen, genau zweimal zu viel. Davon möchte ich kurz berichten.

Fall 1: Brustschmerz im Studentenwohnheim, na, was wird das denn am Montagmorgen? Falsch gedacht, wir kommen in eine kleine Wohnung unterm Dach, dort lebt eine Aussiedlerfamilie aus Kasachstan. Der Patient, Mitte 40, ist Kinderarzt, schreit vor Schmerzen. Aber er ist eben Kollege und große Kommunikation ist nicht möglich. Vorsicht, kann ich nur sagen. Das geschriebene EKG beweist es sofort, aber da ist es schon zu spät. Ein akuter Herzinfarkt, wie man ihn selten sieht. Der Patient verliert das Bewusstsein und wird blau. Auf den Fußboden gezerrt und Beginn der Reanimation mit allem, inklusive Lysetherapie (Auflösung von Blutgerinnseln). Wir hatten keine Chance und haben diesen jungen Mann verloren.

Einige Zeit später, nach einem anstrengenden ITS-Dienst, werde ich in die Keibelstraße B. (Polizeipräsidium Ost-B. vor der Wende) einbestellt – Vernehmung durch die Kripo. Das Ganze dauert über drei Stunden, detailgetreu muss ich den Einsatz schildern, warum ich was und wann gemacht habe. Unabhängig von mir ist bereits die RTW-Besatzung vernommen worden. Endlich ist es vorbei, ich bin müde und will in mein Bett, die Kripo-Beamten bestätigen zumindest eine sehr ordentliche Protokollführung des Einsatzes. Alles wird zur Staatsanwaltschaft gehen und von dort erfahre ich dann etwas oder auch nicht. Zum Glück kam nie etwas, nach zwei Jahren habe ich erfahren, dass die Angehörigen noch immer wegen „fahrlässiger Tötung" um Geld kämpfen, ich war aus der Nummer raus – dank meiner nicht anfechtbaren Dokumentation.

Fall 2: Eine Frau, Anfang 50, wird mit neurologischer Symptomatik aufgefunden, sie steht mitten im Leben und ist durch ihr vielseitiges Talent fast weltbekannt. Der RTW fordert mich richtigerweise nach und bei meinem Eintreffen ist die Patientin noch ansprechbar, aber trübt langsam ein. Nach der Untersuchung und Anbehandlung spreche ich mit dem Lebenspartner, lasse mich telefonisch auch mit dem Vater der Patientin verbinden, ein ehemals ärztlich tätiger, betagter Mann. Ich möge tun, was ich für richtig halte, und so entscheide ich mich auch. Wir sind auf einem abgelegenen Dorf, die beiden infrage kommenden Behandlungszentren sind fast gleich weit entfernt und ich entscheide mich für das, mit dem ich in den letzten Jahren die besten Erfahrungen gemacht habe. Auch die Luftrettung ziehe ich hier in Betracht, denke aber, dass wir keinen Zeitgewinn haben werden, wenn ich sofort losfahre. Therapeutische Optionen habe ich derzeit nicht weiter, die Diagnostik wird darüber entscheiden müssen. Und ergibt eine Aneurysma-Blutung, die sofort trepaniert und entlastet wurde. Nichts war aus der Anamnese bekannt, aber wie ich selbst für mich angenommen hatte, sie hatte Stunden vorher auf einer Trompete geblasen, dann Yoga gemacht und dann trat die Symptomatik Stunden später auf.

Der nächste Einsatz, der mich einen Patienten wenige Tage später in diese Klinik bringen ließ, führte mich gleich auf die

Intensivstation, wo ich auch mit den Angehörigen nochmals sprechen konnte. Die Frau ist leider wenige Tage später verstorben und die Nachricht darüber hat mich sehr getroffen, aber ohne Schuldgefühle. Im Internet ging eine Hetzjagd auf uns los, wie ich es noch nie vorher erlebt habe. Kommentare von Laien, die wirklich keine Ahnung von der Realität haben, sondern ihre unberechtigten Vorwürfe (in ihrer verständlichen Trauer) aus Internet-Recherchen hatten. Selbst die Beerdigungszeremonie wurde ins Netz gestellt. Ich hätte von mir aus gern mit Diplomatie reagiert, aber nach Konsultation mit dem Arbeitgeber haben wir auf weitere Stellungnahmen, gerade im Internet, verzichtet. Nicht aus dem Grund, eventuelle Fehler zu bereinigen oder zugeben zu müssen, sondern um das Ganze nicht weiter eskalieren zu lassen. Es war schon traurig, aber wohl unabwendbar genug? Es hat mich sehr berührt, als ich die Bilder vom Friedhof sah, aber wir hatten uns nichts vorzuwerfen. Und wieder gesichert durch eine ordentliche und lückenlose Dokumentation und Einsatz-Protokollführung konnte uns keinerlei Fehlverhalten nachgewiesen werden.

Meine Empfehlung an alle Kollegen: Vorsicht mit Auskünften gegenüber Dritten, wer es auch sein mag, wann, wo, wem was passiert ist. So unverständlich es klingen mag, wir sind eigentlich weder berechtigt, der Polizei, anderen Behörden im Rahmen unseres Dienstes Auskünfte zu erteilen. Die Realität ist eine andere, so dürfte mir eben als Notarzt auch kein Kliniker oder gar Rechtsmediziner Antwort auf meine Fragen geben, was aus einem Patienten geworden ist. Und ich dürfte nicht einmal mit meiner Lebenspartnerin (egal ob verheiratet oder anders zusammen lebend) über meine beruflichen Erlebnisse sprechen, weil wir einer Schweigepflicht unterliegen. Ein bestehendes Gesetz, welches wir eigentlich fast täglich brechen; aber über die Menschen in unseren Berufen, die durch Nicht-darüber-Sprechen kaputt gegangen sind, sich isoliert oder gar etwas angetan haben, redet kein Mensch.

DRAISINEN-UNFÄLLE

Man könnte denken, bei den vielen neuartigen und gefährlichen Sportarten nach dem Motto: „immer schneller, weiter, höher – kein Kick ist zu viel", wären Draisinen-Unfälle eine entspannte Sache. Weit gefehlt. Wir wurden zu einem solchen Draisinen-Unfall gerufen – bewusstlose Person. Nun sind diese Gefährte ja oft auch in Gegenden unterwegs, die schwer zugänglich sind, führen durch Nationalparks oder Ähnliches. Es wird auch nicht kontrolliert, ob die Gäste denn Alkohol oder Drogen konsumiert haben, auf der Strecke schon gar nicht. Also machten wir uns auf den Weg und suchten, da uns die RLST keine genauen Koordinaten zur Verfügung stellen konnte, die Anrufer konnten nur eine vage Beschreibung geben, wo sie sich womöglich befanden. Zu unserer Unterstützung wurde auch der RTH angefordert und die Kollegen konnten aus der Luft die Draisine ausmachen und uns instruieren, wo wir hinmüssen. Vor Ort kamen uns aufgeregte Angehörige entgegen, der Patient sei bereits vor circa 25 Minuten, während er die Draisine betätigte, plötzlich zusammengebrochen, eine Laienreanimation hatte keiner durchgeführt. Bereits beim Betrachten der leblosen Person war mir bewusst, dass Reanimationsversuche eher erfolglos sein dürften. Dennoch begannen wir mit der Cardiopulmonale Reanimation (CPR), das abgeleitete EKG zeigte eine Asystolie, und gemeinsam mit dem Kollegen der Luftrettung, der inzwischen gelandet war, beschlossen wir die Maßnahmen zu beenden und ich entband ihn von weiteren Aufgaben. In diesem Fall war das Gespräch mit den Angehörigen recht unkompliziert, alle Beteiligten hatten damit gerechnet, was ich ihnen zu sagen hatte. Wenigstens konnten wir dem Bestattungsunternehmen die genauen Koordinaten mitteilen, damit der Leichnam unverzüglich bei hochsommerlichen Temperaturen abgeholt werden konnte.

Vor wenigen Tagen ereignete sich ein erneuter Draisinen-Unfall, eine Schülergruppe war mit Aufsichtspersonen und mehreren Draisinen unterwegs. Ein Jugendlicher musste wohl unbedingt beweisen, dass er bei voller Fahrt ein „Draisinen-Hopping“ veranstalten müsse, auch gegen mehrmals ausgesprochene Verbote durch die Betreuer. Und es passierte, was passieren musste, er rutschte ab und kam unter ein solches Gefährt. Zum Glück ohne schwerste Verletzungen, das Gebiet war aber eher unzugänglich für normale Rettungsdienstfahrzeuge, sodass der Notarzt nur mit einem allradbetriebenen Feuerwehr-Fahrzeug zur Einsatzstelle gebracht werden konnte. Aber muss das alles immer sein?

DROGENNOTFÄLLE

In Berlin habe ich als Notarzt so manchen Patienten gehabt, bei dem wir nur den Tod feststellen konnten. Ursache: „Der Goldene Schuss“.

Später im Rahmen psychiatrischer Notfälle oder von Suizidversuchen waren oft Drogen im Spiel. Meistens handelt es sich dann um sehr zeitaufwendige Einsätze, Amtsärzte zur Gewährung der Zwangseinweisung sind oft nicht verfügbar, auf die Polizei warten wir immer länger und lange Patientengespräche zur Deeskalation machen es nicht einfacher, weil man immer das Gleiche erzählt. Einer der eindrucksvollsten und traurigsten Momente für mich war der Anblick eines Frühchen-Geschwisterpaares auf einer Kinder-ITS, das „Produkt“ schwer drogenabhängiger junger Eltern (Akademiker!), die Entzugserscheinungen bei den Säuglingen waren unübersehbar.

Fall 1: Abends kommt noch ein Einsatz, wir fliegen nach K., ein Drogen-Notfall. Wir klettern mit allem Equipment bis in den sechsten Stock eines Plattenbaus, da oben sitzen zwei junge Männer (16 Jahre!) und kotzen um die Wette, sie haben irgendwelches Zeug geraucht, darauf Porter-Bier getrunken, sehen blass-ikterisch aus und erreichen zusammen eine Herzfrequenz von ca. 420/min. Beide desorientiert und in jeweils einen Eimer spuckend. Nach Prüfung der Vitalfunktionen asserviere ich zunächst die unbekannten Substanzen, nehme reichlich Blut ab und schicke den Hubi nach Hause. Der Clou ist die Bemerkung oder Nachfrage meines HCEM (Rettungsassiaistent der Luftrettung) ob ich noch Betäubungsmittel (BTM) für die Jungs bräuchte, ein schöner Gag und ich verspreche ihm, dass diese Nachfrage hier in diesen Aufzeichnungen ihren Niederschlag finden wird. Inzwischen einen zweiten RTW nachgefordert, fahren wir die beiden in die Rettungsstelle, wo uns bereits die Polizei erwartet, die beiden kotzen immer noch um die Wette, die Reue über ihr Tun bezieht sich weniger auf ihren schlechten Zustand sondern mehr darauf, dass alles umsonst war, da sie alles auskotzen. Freie Deutsche Jugend, wach auf! Der eine gibt mir noch den unbedingten Tipp, ich solle das Zeug doch auch mal probieren – dankend lehne ich ab mit der Bemerkung, dass ich schon andere Hobbys hätte.

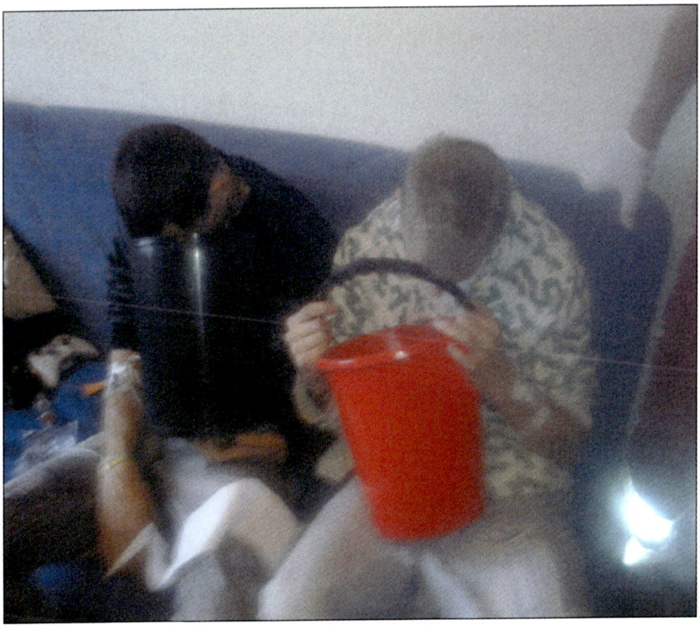

Bild 15: Drogen-Problem (Quelle: privat)

EIGENE MASSREGELN

Ich habe für mich persönlich bestimmte Grundregeln im Laufe der Zeit erstellt, die ich gerne benennen möchte:

> Verlasse dich nur auf dich selbst

> Denke immer daran, es könnten deine Angehörigen sein

> Eigensicherung (auch für meine Mitarbeiter) geht prinzipiell vor

> Benutze nie Treppen oder Hochhaus-Fahrstühle ohne Notfallkoffer/-Rucksack beim Patienten

> Im Rettungsdienst gibt es nichts, was es nicht gibt, deshalb ist es so spannend, aber man sollte für jede Situation einen Plan B im Hinterkopf parat haben

> Zu eigenen Entscheidungen stehen, auch Kritik akzeptieren und annehmen – wenn berechtigt

> Ständige Fortbildung, um über den Tellerrand zu schauen, andere Kollegen kennenzulernen, sich auszutauschen, denn kein System ist perfekt

> Aufgrund meiner Erfahrung traue ich mir vieles zu – aber überschätze dich nie, in der Klinik gibt es oftmals für den Patienten optimalere Bedingungen als in der Präklinik (Tu, was nötig, aber nicht immer, was möglich ist)

> Speziell für die Luftrettung – wir sind keine Zauberer, deshalb immer schön freundlich bleiben, keine Arroganz, nur weil wir von „oben“ kommen

> Humor im Rettungsdienst? Auf jeden Fall, wenn angebracht – kann es auch deeskalierend sein

EPILEPSIE

Einsätze bei solchen Patienten gehören sozusagen zum täglich Brot des Notarztes, egal ob meistens alkoholbedingt, nach Unfällen oder Hirnblutungen, die Umstände und Auffindungssituationen sind nicht selten mit starken Geruchsbelästigungen durch Kot-Urinabgang oder Erbrechen begleitet.

ERTRINKEN

Die Müritz und umliegende Gewässer – in jedem Jahr – immer wieder das Gleiche. Schlechtwetterprognosen kommen; wenn die Einheimischen das Wasser verlassen, gehen die Touristen aufs Wasser, auch ohne jegliche Vorsichtsmaßnahmen (Schwimmwesten oder Handys), da werden Kinder oder Schüler bei Klassenfahrten auf die gefährliche Müritz gebracht – es kann nicht gutgehen. Mit einem Aufgebot an Mensch, Material und Technik wird tagelang nach Vermissten gesucht – oft muss die Suche abgebrochen werden, dann, nach Auffindung, wird jemand den Angehörigen die schlimme Nachricht überbringen müssen. Überschätzung und Oberflächlichkeit sind oft die Ursachen für derartige Tragödien. Und oft auch das für uns Unerwartete, wenn es denn gut ausgegangen ist, warum macht ihr denn solch eine Panik? Angler, Paddler, Schwimmer, alles haben wir schon tot aus dem „Teich“ gezogen.

ERFRIEREN

Ein eiskalter Wintermonat, –15 °Celsius, ich werde in den frühen Morgenstunden durch den Melder aufgeschreckt, „HILOPE“ lese ich, das kann alles sein, im Rettungsdienst gibt es aber für vieles eine Abkürzung. Es geht zu einem abgelegenen Bauernhaus, es schneit. Als wir ankommen, finden wir eine dort allein lebende ältere Frau im Hof vor. Sie war offenbar nachts auf dem Weg zur Toilette auf dem Hof gestürzt und ist erfroren. Wir können nichts mehr für sie tun, hoffentlich hat sie sich nicht allzu lang in der Kälte quälen müssen.

Bild 16: Erfrieren (Quelle: privat)

FAHRRAD-UNFÄLLE

Wir werden zu einem Verkehrsunfall mit Radfahrerbeteiligung gerufen, wir brauchen mit dem Hubschrauber etwas länger, da sich der Einsatzort in einem anderen Bundesland befindet. Von oben sehe beziehungsweise erahne ich bereits das Desaster. Mehrere Einkaufszentren befinden sich in unmittelbarer Umgebung, natürlich dementsprechend auch viele neugierige Menschen. Der bodengebundene Rettungsdienst mit einem RTW ist bereits vor Ort und die Kollegen reanimieren eine junge Frau. Fast im Vorbeieilen lasse ich mir den Unfallhergang schildern und kann es nicht glauben. Ein VW-Bus mit Hänger (eine fahrende Theke zum Bierausschank, wie man sie von Volksfesten kennt) hat eben diesen Hänger in voller Fahrt in der Ortschaft verloren, dieser ist dann mit entsprechender Geschwindigkeit gegen ein großes Verkehrs-Hinweisschild geprallt und hat es zum Umstürzen gebracht. Genau als die junge Frau auf dem Radweg diese Stelle passierte, sie wurde einfach erschlagen. Wir reanimieren gemeinsam, unser Schweiß fließt in Strömen und irgendwann breche ich die Reanimationsmaßnahmen ab, weil ich weiß, dass wir aufgrund der Verletzungsmuster keine Chance haben werden, diese junge Frau zu retten. Ein schwerer Moment für jeden Notarzt, diese eine Entscheidung treffen zu müssen. Keiner nimmt sie einem ab, manchmal ist es etwas einfacher, nämlich wenn ein oder mehrere Kollegen am Einsatzort sind, dann kann man diese Entscheidung gemeinsam tragen und es ist leichter. Aber es gehört zu diesem Beruf dazu, das muss man immer wissen. Als ich aufstehe und mir das völlig demolierte Fahrrad anschaue, erstarre ich fast, im Körbchen vor dem Lenker sehe ich Kindersachen und ich muss meine Tränen zurückhalten, wer soll das einem Mann, Lebensgefährten, Kindern oder Eltern sagen und beibringen? Ich möchte es nicht tun müssen.

FENSTERSTÜRZE

Es sind meistens die gleichen Gründe; Suizide aus den verschiedensten Gründen, Partnerschaftskonflikte, Liebeskummer, Depressionen bei Arbeitslosigkeit und anderen sozialen Problemen, Alkoholexzesse mit körperlichen Auseinandersetzungen, aber auch Verzweiflungssprünge zum Beispiel aus einem brennenden Haus. Nicht zu vergessen die vorweihnachtlichen Suizide bei Vereinsamung und Isolation. Ich habe mich oft erinnert an Fälle als Notarzt in B., wo sich Kinder nach Zeugnisausgabe aus dem Fenster gestürzt haben, weil sie Angst vor den Eltern hatten. Und das nicht nur einmal. Umso tragischer, wenn es sich hierbei noch um Hochhäuser handelte, wo jede Hilfe zu spät kam und die Anblicke sich in unsere Gehirne eingebrannt haben. Auch wenn es heute Sorgen-Telefone, Ansprechpartner und vielerlei Institutionen, die Hilfe anbieten, gibt, wird so etwas passieren, leider.

KURIOSUM 1

Darmgeräusche: Noch während meiner Zeit als junger Assistenzarzt passierte Folgendes während einer Oberarztvisite. Dreibettzimmer, die üblichen Patientenkontakte an den ersten beiden Betten, am dritten Bett erwartet uns ein leicht erregter Patient, mehr als alles andere beschäftigen ihn seine Darmgeräusche. Und – er hat sie aufgezeichnet – er kramt einen alten DDR-Kassettenrekorder hervor und der Finger landet erwartungsvoll auf der Abspieltaste. Unsere Blicke wandern zwischen Stationsschwester, Oberarzt und mir hin und her. Ähnlich Urwaldgeräuschen schallen uns akustische Phänomene entgegen. Es wird schwerer, das Lachen zu unterdrücken, ich kann schon jetzt nicht mehr, meine

Stationsschwester hat es gut, sie kann sich die dicke Patientenakte vor ihr Gesicht halten. Der Oberarzt verhält sich professionell, runzelt die Stirn, massiert sich das Kinn, „könnten Sie bitte das Letzte nochmals zurückspulen?“ Ich kann schon jetzt kaum noch an mich halten. Der Oberarzt hakt weiter nach, „würden Sie die Aufnahmen unserem Chefarzt zur Verfügung stellen, vielleicht für einen Internationalen Kongress für Gastroenterologie?“ Ich falle fast um vor Lachen, sehe die Nachbarpatienten schmunzelnd unter ihren Decken verschwinden. Jetzt ist der Typ in seinem Element und berichtet von seinen Gesprächen mit seinem Dünn- und Dickdarm. Ich muss raus, und beende die Visite in diesem Zimmer, bevor ich vor der Tür anfange zu schreien.

FLUGGERÄTE-ABSTÜRZE

(zum Beispiel Hubschrauber, Fallschirmspringer, Gleitschirme, Ultraleicht-Flugzeuge)

HUBSCHRAUBERABSTÜRZE

Es war eine schöne und gelungene Party zu meiner bestandenen Facharzt-Prüfung. Am nächsten Morgen, bei den üblichen Aufräumarbeiten, kam die Meldung im Radio – Absturz des RTH – alle Insassen tot, ich wusste sofort, es waren unsere Kollegen. Zwei meiner fliegenden Kollegen waren bei meiner Party gewesen, sie konnten es nicht sein. Nach wenigen Telefonaten mit zittrigen Händen und Tränen in den Augen wurde es zur Gewissheit. Ein junger Notarzt, der mich noch kurze Zeit vorher ermuntert hatte, in die Notfallmedizin einzusteigen, der Wachleiter unserer NAW-Station und der sehr erfahrene Pilot waren tödlich verunglückt. Kein Patient an Bord.

Es mag makaber klingen, aber die Lebenswege jedes Einzelnen sind eben vorgegeben oder auch nicht – so bei mir, dieses Unglück war letztendlich mein Weg in die Notfall-Rettungs- und Intensivmedizin, ich habe nach reiflichen Überlegungen die Position des tödlich verunglückten Kollegen eingenommen, vielleicht würde ich sonst heute nicht diesen mich erfüllenden Job machen und dieses Buch schreiben – es hat mein Leben verändert.

Anmerkung: Zum Glück selten, aber Ursachen für Hubschrauberabstürze in der Luftrettung sind leider meist Überschätzung, externe Noxen, aber am wenigsten technische Probleme – das sind die Fakten. (8. Dezember 1995 Hubschrauber Sch./10. Februar 1995 Christoph 17 B./14. März 2002 SAR 71 H./20. Januar 2003 Christoph 19 H./28. September 2005 ITH St./März 2014 Christoph Offshore R./Zwei Polizeihubschrauber 21. März Maifeld Olympiastadion B. – Schneegestöber.) Am 21. März 2013: Am Berliner Olympiastadion hat es heute eine Großübung der Bundespolizei gegeben – geplant war der Umgang mit Hooligans mit Randale während oder nach einem Fußballspiel. Ein tragisches Ereignis überschattet nun dieses Szenario. Zwei Hubschrauber der Bundespolizei sind dabei verunglückt – ein toter Pilot und mehrere Verletzte nach den ersten Meldungen. Möglicherweise sind die drei im Einsatz befindlichen Helis nacheinander gelandet und es wurden Mengen von liegendem Schnee dabei aufgewirbelt, sodass nach ersten Informationen womöglich der dritte auf dem zweiten landete und vielleicht noch bei laufendem Rotor. Das kann nicht gutgehen! Auch wenn ich nun kein Angestellter der Bundespolizei bin und auch den Piloten nicht persönlich kenne, trotzdem geht mir diese Tragödie sehr nahe, anders als anderen Nachrichtenhörern, einfach nur, weil ich auch in einem Hubschrauber meinen Dienst tue und viele gefährliche Situationen kenne, auch wenn ich meinen Piloten und Pilotinnen stets vertraue und mich in unserer Maschine immer sicher fühle. Ein anderer Aspekt kommt in mir hoch, auch in dem Wissen, dass wir (egal ob Rettungsdienst oder Polizei) immer mit den unterschiedlichsten und unberechenbarsten Situationen konfrontiert werden, es gehört zu unserem Job. Aber wenn gerade bei Übungen etwas passiert, ist es umso schlimmer. Und in gerade diesem Fall geht es darum, dass unwahrscheinlich viel Aufwand jeglicher Art betrieben wird, um dem Wahnsinn in unserer Gesellschaft Einhalt zu gebieten. Wie in diesem Falle, Umgang mit Randalierern und Hooligans zu proben, die mit Sport nichts am Hut haben, sondern einfach nur randalieren wollen. Wir kennen diese Bilder zur Genüge. Dafür lassen Menschen ihr Leben und Familien bleiben zurück, oft mit Kindern. Wer soll das verstehen?

Und wieder ist es passiert – Gestern Abend vor der Küste in P. in Höhe Darßer Ort geschieht das Unglück – ein Rettungshubschrauber stürzt ab – in die Ostsee. Eine Übung gemeinsam mit einem Seenotrettungskreuzer, das Ab-Winschen für den Ernstfall wird geprobt – und so etwas muss geübt werden, sonst funktioniert es im realen Notfall einfach nicht. So wie wir MANV-Notfälle üben, in der Realität stellt sich alles immer anders und meist viel komplizierter dar. Der RTH ist in die Ostsee gestürzt, Notarzt, HCEM und einer der Piloten verlieren ihr Leben, ein Pilot wird gerettet, keiner von uns weiß bis jetzt, wie es ihm geht. Und selbst hier beim Schreiben kommen mir wieder die Tränen, weil es um unsere Leute geht, auch wenn ich sie nicht persönlich gekannt habe, wir kämpfen um Leben in unseren täglichen Einsätzen, viele Teams – auch in der Nacht. Umso betroffener macht es mich, wenn solche Unglücke passieren, jeden von uns kann es zu jeder Zeit in dieser unserer Mission immer treffen, das wissen wir. Ich denke an die Familien aller betroffenen Kollegen, ich weiß, wie gemeinsame Zusammenkünfte und Feiern aussehen, der Zusammenhalt und der gemeinsame Spaß – und für diese Familien wird es das nicht mehr geben. Ehemänner, Väter, Kollegen oder Freunde sind von heute auf morgen nicht mehr, das ist schlimm. Mir bleibt nur, mich in das im Internet ausgelegte „Kondolenzbuch der Deutschen Rettungsflugwacht (DRF)“ einzutragen, K. hat mir heute davon erzählt.

Seit Monaten hatte ich einen Besuch in der Kinder-Akademie des RoSaNa in R. geplant (Rostocker Simulationsanlage und Notfallausbildungszentrum), gestern haben wir es realisiert und es war ein tolles Ereignis für die Kinder und deren Familienmitglieder. Ich hatte das Ganze organisiert und die Rückmeldungen waren einfach nur schön. Der Nebeneffekt war natürlich, dass man etwas abgelenkt war von diesem so traurigen Ereignis in nicht weiter Ferne. Ein Grund mehr, immer wieder dran zu denken, wie schnell alles vorbei sein kann, und viele Aufgaben zu erledigen, die an uns gestellt werden. Und so werde ich in den nächsten Wochen, wie bereits seit gestern, ein schwarzes Band in Gedenken an die Kollegen an meiner Dienstkleidung tragen. Inzwischen ist der Hubschrauber geborgen, die Untersuchungen laufen. Der Co-Pilot, der überlebt hat, ist inzwischen aus dem stationären Bereich entlassen, ist aber laut Presseangaben noch nicht vernehmungsfähig. Offensichtlich hat er erneut großes Glück gehabt, bereits 2005 ist er in Th. mit seinem Hubschrauber abgestürzt und hat überlebt. Das Untersuchungsergebnis der Rechtsmedizin liegt bereits vor, der zu Tode gekommene Pilot ist ertrunken, das heißt, eine gesundheitliche Problematik, die den Absturz verursacht haben könnte, ist damit ausgeschlossen. Inzwischen habe ich mich auch in ein Kondolenzbuch der DRF eingetragen, es ist erstaunlich, woher die Anteilnahme weltweit aus Luftrettungsstützpunkten kam.

Und dann kommt's am späten Nachmittag. Neben den bereits benannten gefürchteten Kindernotfällen das Trauma eines jeden Notarztes – Einsatzstichwort: „FLUGZEUGABSTURZ" ohne nähere Angaben. Der Adrenalinspiegel steigt ins Unermessliche, ich sehe Bilder aus Filmen und mir bekannten Einsätzen mit entsprechenden Schrecken vor mir. Ich habe selbst auf der Autobahn fahrend vor knapp drei Jahren den Absturz eines Sportflugzeuges in dieser Region erlebt, die Insassen sind jämmerlich verbrannt.

Fall 1: Dann die Info, ein Sportflugzeug sei in der Nähe abgestürzt, bodengebundene Kräfte können den Unfallort aufgrund der Bodenverhältnisse nicht erreichen, die Maschine liege auf einem Acker, der Pilot sei ansprechbar und nicht mehr in der

Maschine oder gar eingeklemmt. Mein Gehirn sagt mir irgendeine Form von Entwarnung, wir fliegen über den Flugplatz P. und sehen die Maschine dann unweit auf dem Acker, mit den Rädern tief eingesunken, aber nicht weiter beschädigt. Sie ist verlassen, kein Pilot ist weit und breit zu sehen. Aus der Entfernung nähert sich eine Person, auch sie outet sich bei Erreichen unseres Hubschraubers nicht als Pilot. Er wäre ein Bekannter, der Pilot wäre zu Fuß und später mit einem Pkw mitgenommen auf dem Weg zum Flugplatz. Ich brauche nicht viel, um rauszukriegen, dass es sich bei der Art und Weise des Umgangs um „Wessis“ handelt. Mir wird sofort mitgeteilt, dass der Pilot 50 Jahre Flugerfahrung hätte! Wenn ich so was schon höre. Mein Adrenalinspiegel steigt wieder, dieses Mal nur aus Wut, wozu fliegen wir dorthin? Die Leitstelle bittet verständlicherweise um Lagemeldung – und wir können noch keine Auskünfte geben. Anfrage der Leitstelle, ob wir in den nächsten Minuten zu einem Kinder-Notfall abkömmlich seien. Es tut mir wirklich leid, aber ich kann diesen Einsatz hier nicht einfach abbrechen, ohne den Patienten aus dem Flugzeug überhaupt gesehen zu haben. RTH Brandenburg übernimmt zu meinem Bedauern den Kindernotfall. Inzwischen sind Polizei und RTW vor Ort eingetroffen, das NEF ist bereits zum nächsten Einsatz unterwegs. Und wir stehen ratlos da und warten. Dann, nach knapp 40 Minuten(!) kommt „Herr Pilot“ angefahren und auf uns zumarschiert. Mit einer Arroganz, was der ganze Aufruhr denn hier soll – ich muss mich wirklich sehr beherrschen und bitte ihn in den RTW zur Untersuchung. Knapp 78 Jahre, er faselt nur von seiner Maschine und welche Erfahrung er hätte. Ich muss mich echt zusammennehmen, um nicht auszurasten. Energisch, gerade noch am Rande der Diplomatie, bitte ich, ihn untersuchen zu dürfen, weil dies nun mal mein Job ist. Einen venösen Zugang lehnt dieser arrogante Schnösel ab, versteht er nicht, einer Vorstellung in der Klinik stimmt er gerade noch brubbelnd zu. So was kann ich leiden. Ich habe sicherlich Achtung vor dem Alter und auch davor, dass Menschen in gewissen Ausnahmesituationen, gerade in Notfällen, unverständlich reagieren, aber das geht mir dann doch zu weit. Ich dokumentiere alles ordentlich, da gerade diese Leute sich später vielleicht noch gern über uns beschweren. Und stinksauer fliege ich zurück. Ich hätte lieber einem Kind geholfen, welches richtige Hilfe benötigt.

Fall 2: Auf dem Rückweg bekommen wir einen dringenden Notruf von der Leitstelle Westmecklenburg, also S., auf dem Flugplatz N. G. sei ein Fallschirmspringer aus nicht bekannter Höhe abgestürzt. Wir sind in wenigen Minuten da und sehen schon von oben, dass reanimiert wird. Als wir eintreffen, übernehmen wir, eine Ärztin und eine RA sind froh, dass wir da sind. Mithilfe der Videolaryngoskopie versuche ich so zu intubieren, ich bitte Umstehende, mir das Sonnenlicht zu verstellen, um bessere Sicht zu haben. Als der Tubus drin ist, vorher hab ich die V. Jug. Ext. punktiert und Adrenalin gespritzt, da im EKG bereits eine elektromechanische Entkopplung zu sehen ist, müssen wir feststellen, dass offensichtlich der Cuff des Tubus undicht ist, er lässt sich nicht blocken. Scheiße, die Re-Intubation gestaltet sich schwierig, dann gelingt es endlich. Das NEF aus L. ist inzwischen auch eingetroffen, wir nutzen erstmalig den Autopuls „Lukas" (Apparatur zur mechanischen Wiederbelebung). Die gesamte Zeit hat der Patient weite und lichtstarre Pupillen, der Kreislauf ist auch unter weiterer Adrenalin- und Atropingabe nicht aufzubauen. Inzwischen sind auch Polizei und Kripo vor Ort. Ich wünsche, den Patienten in den RTW zu verbringen, das linke Bein ist völlig instabil, ebenso der Thorax und es bildet sich ein Mediastinal-Emphysem aus, ich vermute schwerste innere Verletzungen, vielleicht auch ein Bronchial- oder Aortenabriss. Irgendwann brechen wir die CPR ab und ich habe dies gemeinsam mit dem Kollegen der Bodenrettung so beschlossen, es ist immer gut, wenn diese schwere Entscheidung nicht von einem allein getroffen wird. Um alles andere kümmern sich freundlicherweise die anderen, sodass wir uns wieder freimelden können und losfliegen. Am nächsten Tag werde ich in der Zeitung lesen, dass es sich um einen erfahrenen Springer handelte, da sich der Schirm beim Absprung aus mehreren Tausend Metern Höhe geöffnet hat, erfahre ich, dass es sich dabei offensichtlich um ein sogenanntes Teilversagen handelt. Wenn der Fallschirm sich gar nicht öffnet, spricht man von einem Totalversagen. Ein Notarztkollege, der in der bulgarischen Armee früher bei den Fallschirmspringern war, erklärte es mir. Kaum zwei Wochen später stürzt wieder ein Fallschirmspringer in S. ab, auch sein Schirm hat sich nicht richtig geöffnet, auch er stirbt.

Nach meinem Urlaub und nach Vereinbarung mit Herrn Staatsanwalt L. aus S. erkundige ich mich jetzt nochmals nach dem Obduktionsergebnis. Er gibt freundlicherweise Auskunft, für unsere Arbeit ganz wichtig, wenn sicher auch nicht immer ganz gesetzeskonform. Mein Eindruck hat sich bestätigt, schwerste innere Verletzungen haben zum Tode des noch so jungen Mannes und erfahrenen Fallschirmspringers geführt. Die Wucht des Aufpralls war offenbar so heftig, dass es zum Aorten-Abriss gekommen ist. Das heißt letztendlich für uns, wir hätten zu keinem Zeitpunkt auch nur eine Chance gehabt, diesen Menschen durch unsere Reanimationsmaßnahmen zu retten.

Bild 17: Flugzeugabsturz (Quelle: privat)

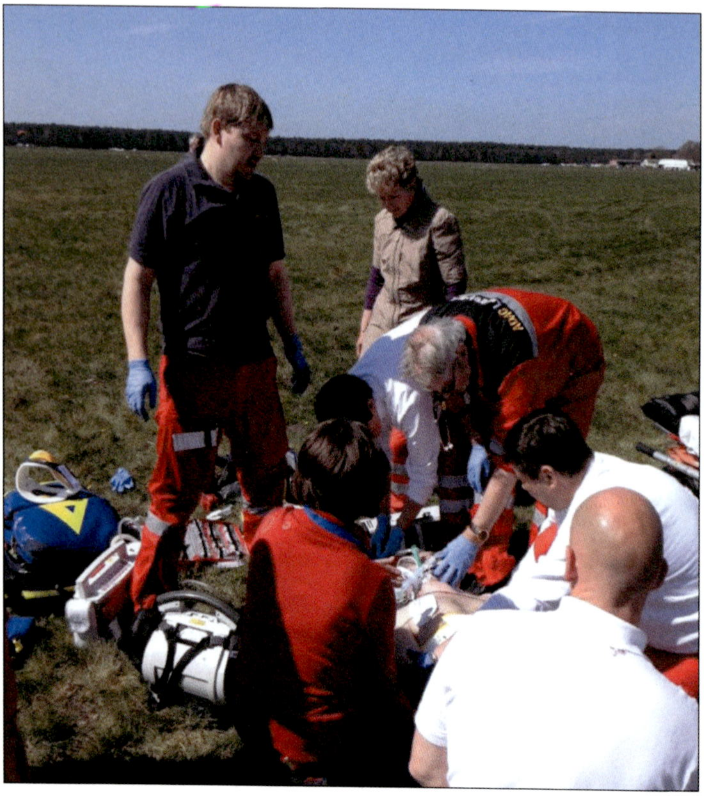

Bild 18: Absturz Fallschirmspringer (Quelle: privat)

GEBURTEN

Gleich am Morgen geht es zu einem Arbeitsunfall nach Dorf-Z., der Patient erwartet uns bereits, er hat Symptome einer Durchblutungsstörung im Gehirn und wir bringen ihn zur Diagnostik nach N., ich begleite ihn per RTW, bevor wir zurückfliegen. Der nächste Einsatz erreicht mich nicht per Pieper, ich bin in der Klinik bei K., da schellt das Telefon – EINSATZ – Drohende Geburt in W. Wir also los, alles Mögliche geht mir durch den Kopf. Wir sehen den RTW mit der Patientin durch das Stadtzentrum rollen und der Pilot M. geht an günstiger Stelle runter. N. und ich laufen die nächste Straße entlang, kein RTW, dann kommt die Polizei und nimmt uns auf. Mit Blaulicht schaukeln wir durch die Stadt und erwarten von der Leitstelle den Rückruf, wo sich denn nun der RTW befindet. Mein Adrenalinspiegel ist inzwischen im nicht messbaren Bereich angekommen, dann entdecken wir den RTW. Er steht vor einer gynäkologischen Praxis, die Besatzung hat sich keinen Rat mehr gewusst, da der Kopf des Babys schon ausgetreten war. Als ich die Tür zum Fahrzeug aufreiße, ist fast alles vorbei, die Frauenärztin musste trotz vierter Geburt einen kleinen Dammschnitt machen und übergibt uns nun Mutter und Kind. Wir fahren nach P. in den Kreißsaal, wo uns die Hebamme bereits erwartet. Ich bleibe noch, um die „Bergung" der Plazenta mitzuerleben. Dort erfahre ich von der Hebamme, dass die Geburt erst mit dem „Holen" der Plazenta abgeschlossen ist und dies den Geburtstermin darstellt. Das wusste ich nicht, also, wieder was gelernt. So gesehen hätten wir die gesamte Geburt natürlich selbst durchgeführt, aber wir fühlen uns wenigstens so und sind froh damit. Auch wenn wir bei diesen Einsätzen wohl verständlicherweise immer Respekt haben, umso besser, dass heutzutage immer mehr Mädchen den Beruf der RA oder NFS wählen, das ist für die Patientinnen oft angenehmer. Meine Achtung vor jeder Frau, die ein Kind auf die Welt bringt, ist dadurch sehr gestiegen; Vorgänge, die jeder als selbstverständlich ansieht. Meine eigenen Ängste und Zweifel gerade vor diesen Einsätzen haben mich durch zwei Fakten beruhigt. Mein Ur-Ur- Großvater, Dr. Ottomar Wachs, war Leiter der Hebammenschule in Lutherstadt Wittenberg, sein Sohn, Dr. Erwin Wachs, war später zweiter Lehrer an dieser Institution – da muss ich doch was in die Wiege gelegt bekommen haben. Bei solch einem Einsatz schaut man, wer sind deine RA/NFS? Viele haben Einsätze unter dem Stichwort „Drohende Geburt" auch ohne Notarzt absolviert und verfügen über eine gewisse Erfahrung.

GROSSVERANSTALTUNGEN

Unvergesslich sind meine Eindrücke und Erlebnisse durch den Einsatz von Notarztabsicherungen bei Großveranstaltungen – 2006 bei der Fußball-WM in Berlin, heute ist durch den Sumpf um Schmiergelder und Korruption leider dieses „Sommermärchen“

Bild 19: G-8 Gipfel Heiligendamm 2008 (Quelle: privat)

Bild 20: G-8 Gipfel Air Force One und Präsidenten-Helis in Laage (Quelle: privat)

in Misskredit gekommen, ein tolles Erlebnis war es aber schon. 2008 G8-Gipfel in Heiligendamm, der Fusion – einem Woodstock ähnlichen alljährlich stattfindenden Musik-und Kulturspektakel in Lärz (ehemaliger Luftwaffenstützpunkt) an der Müritz mit bis zu 60.000 Besuchern aus aller Welt. Dem Teterower Bergring-Motocross-Rennen oder dem Jeep-Camp (3.000 Teilnehmer aus ganz Europa) auch an der Müritz. Selbst zur Absicherung eines Formel-1-Rennens oder der DTM waren wir vorgesehen beziehungsweise waren wir darin eingebunden. Eine gewisse Angst vor Großschadensereignissen bestand dabei immer – zum Glück hat es nie ernsthafte Zwischenfälle gegeben. Heute sieht es leider ganz anders aus, die Angst vor terroristischen Anschlägen steht immer im Vordergrund und lässt sich nicht verdrängen.

Bild 21: Fußball-WM Berlin 2006 (Quelle: privat)

Bild 22: Fusions-Festival Lärz (Quelle: privat)

Bild 23: Jeep-Camp an der Müritz (Quelle: privat)

HERZINFARKT

Fall 1: Es ist nachts in einer der „Dornröschenwachen", da wird schon nichts groß passieren. Allein die Anfahrt zur RW ist schon schwierig. Hauptstraße gesperrt wegen Bauarbeiten, die Umleitung ebenfalls gesperrt, VKU – ein Typ hat mit seinem Pick-up und Hänger zwei Autos verloren – einen Lamborghini und einen Porsche oder Ähnliches, möchte nicht in der Haut des Fahrers stecken, in meiner aber auch nicht, weil ich einen riesigen Umweg fahren muss. Dafür gibt es unter anderem Handys, ich rufe in der RW an und man weiß Bescheid, dass es später wird. Morgens um 03:38 Uhr geht der Melder an, Thorax-Schmerz, Marktplatz F. Ich glaub es nicht und ahne Fehlfahrt, in dreieinhalb Stunden beginnt mein Dienst in der Luftrettung (knapp 100 Kilometer entfernt). In tiefstem Winter mit Glatteis finden wir den Einsatzort einfach nicht, auch der RTW kann uns nicht helfen, wer wohnt denn in dieser Jahreszeit (–18 °Celsius) in einem Bungalow in der „Walachei“? Endlich finden wir den Einsatzort, der Anrufer, gleichzeitig Patient, winkt uns heran in Turnhose und kurzärmeligem T-Shirt. Als ich ihm in seinen DDR-Bungalow folge, sehe ich sein Schwanken, vermute wieder „Verarschung unter Alkohol“, stimmt aber nicht. In der Hütte, hier ist zu dieser Zeit weit und breit kein Mensch, sehe ich erst sein aschgraues Hautkolorit, die klatschnasse Haut, und mir geht sofort einiges durch den Kopf. Also Vitalwerte messen – ups, Herzfrequenz unter 30/min, RR nicht wirklich messbar und im EKG die klassischen Zeichen eines frischen Hinterwand-Herzinfarktes – LEBENSGEFAHR – wie aus dem Lehrbuch. Hier brauchst du eben Leute um dich, die mitdenken und nicht den Blutzucker messen oder anderes. Gefahr im Verzug – Aufklärung des Patienten, in diesem Falle ohne großes Mitspracherecht, er muss schnellstmöglich auf den Tisch, dem Herzkatheter. Risikofaktoren allesamt. Wir bugsieren ihn mittels Trage langsam in den RTW, Glatteis und Schneetreiben machen die Sache nicht einfacher, schon gar nicht sein Körpergewicht von circa 140 Kilogramm. Inzwischen habe ich im nächstgelegenen Herzkatheter-Labor vorangemeldet, wir werden erwartet, bei diesen Witterungsbedingungen haben wir einen langen Weg vor uns, deshalb entschließe ich mich in diesem Fall zur Lyse-Therapie. Mit dem Einverständnis des Patienten geht alles gut und wir erreichen die Zielklinik, bringen ihn sofort zur Koronarographie. Während des Transportes erfahre ich von ihm, dass er Viagra nimmt, zum Glück hat sich bei seinem niedrigen Blutdruck die Gabe von Nitro-Spray sowieso verboten. Wir rasen zurück, ich fahre, nachdem ich meine Sachen eingepackt habe, gleich weiter zum RTH-Dienst. Später erfahre ich von den Kardiologen, die Fahrt und eingeleitete Therapie haben sich als lebensrettend erwiesen, einige verschlossene Gefäße waren inzwischen wiedereröffnet, dennoch bleibt der Befund einer schweren Koronaren Herzkrankheit (KHK), die in weiteren Sitzungen behandlungspflichtig ist. Gute Besserung.

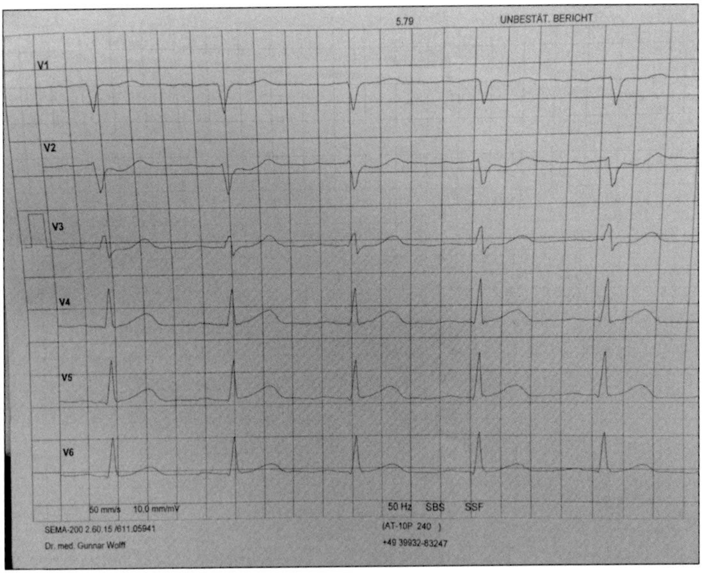

Bild 24: Herzinfarkt (Quelle: privat)

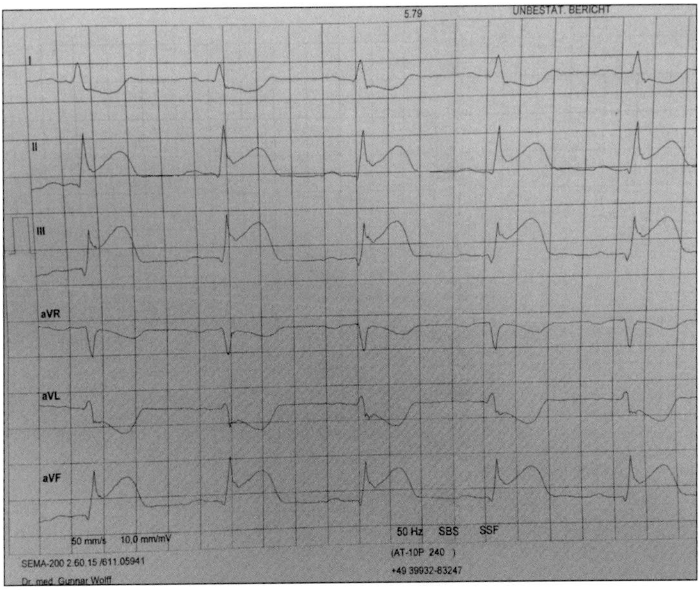

Bild 25: Herzinfarkt (Quelle: privat)

Fall 2: Wir werden zu einer Verlegung gerufen, Stichwort: „Herzinfarkt". In jedem Jahr findet auf dem Gelände eines ehemaligen russischen Militärflugplatzes in Mecklenburg-Vorpommern ein großes Musik-Spektakel mit inzwischen bis zu 60.000 Teilnehmern aus der ganzen Welt statt. Es handelt sich um einen 21-jährigen jungen Mann und zunächst will ich die Diagnose Herzinfarkt nicht so recht glauben. Ich soll ihn vom Festivalgelände in ein Zentrum mit Herzkatheter verbringen. Ein Kollege übergibt mir den jungen Mann, er hat bereits in den letzten Wochen massiv die unterschiedlichsten Drogen konsumiert, macht aber zunächst auf mich einen sozialkompetenten Eindruck. Allerdings gibt er noch anhaltende Schmerzen an, die ich ihm bei einem pathologischen EKG auch glaube. Ein Infarkt-EKG wie aus dem Lehrbuch. Zu einer Herzinfarktbehandlung gehört unter anderem eine suffiziente Schmerzbehandlung, auch im Hinblick auf seinen stattgehabten Drogenkonsum spendiere ich ihm noch etwas Morphium, bis er schmerzfrei ist. Dann geht's geschwind in die Klinik und dort direkt auf den Tisch zur Herzkatheter-Untersuchung. Zwei Stunden später erfahre ich, dass zwei seiner drei Herzkranzgefäße verschlossen waren, er hat zwei Stents (Gefäßprothesen) erhalten, liegt auf der ITS und ist soweit stabil. Ursache waren die Drogen, die zu Spasmen der Herzkranzgefäße geführt haben. Noch einmal: Der Patient war 21 Jahre.

Fall 3: Wir hoffen mal auf keinen bösen Aprilscherz, meistens sind ja von Kollegen übernommene Dienste problembehaftet. Nun, es wird auch mit dem ersten Einsatz etwas schwierig. Wir fliegen nach W. in eine Arztpraxis: Stichwort: Laienreanimation. Wir hangeln uns bei Nebel so über der B 5 in Richtung W. und landen in der Nähe. Nun ist natürlich schon die Frage erlaubt, warum spricht man in einer Arztpraxis, wo offensichtlich medizinisches Fachpersonal tätig ist, von Laienreanimation? Noch dazu, wenn alles so gut klappt wie dort. Als wir eintreffen, liegt ein schwergewichtiger Patient auf dem Boden des Praxisflures und wird reanimiert. Er ist suffizient intubiert, wird noch manuell beatmet, venöser Zugang liegt und die Herzdruckmassage läuft auch. Er hat auch einen Rhythmus und ich versuche ihn medikamentös zu stabilisieren, vor allem schicke ich ihn erst mal schlafen. Er braucht bei seiner Körperfülle viel von dem weißen Zeug, welches schon Michael Jackson bevorzugte. Dann wird es doch problematischer, wohin nun mit dem Patienten?

Kontakte nach P. und S. negativ, kein freies Beatmungsbett. J., der Pilot, schränkt bei diesen Witterungsbedingungen die Flugmöglichkeiten sehr ein beziehungsweise etwas anderes geht eigentlich gar nicht. Also telefonieren wir mit L., wo zumindest auch ein funktionsfähiges Herzkatheter-Labor mit Intensivbett zur Verfügung steht. Wir nehmen dankend an, Fliegen geht aber nicht, also entscheiden wir uns für die Straße. Circa 60 Kilometer, das ist mit solch einem Patienten nicht wenig. Aber es geht gut und wir werden freundlich in L. erwartet und verbringen den Patienten direkt ins Koro-Labor, wo er gleich aufgelegt und untersucht wird. Später erfahre ich das Ergebnis, eine Drei-Gefäßerkrankung, die RCA war chronisch verschlossen, in die LAD werden zwei Stents implantiert – gute Arbeit. Ich rufe die Kollegin in der Praxis an, berichte vom Befund und bedanke mich für die Zusammenarbeit. Auf dem Rückweg spendiere ich allen ein Fischbrötchen und nach insgesamt drei Stunden sind wir wieder auf dem Stützpunkt. Ich denke eigentlich, wir sind außer Dienst, aber kaum raus aus den Stiefeln, piept es wieder.

KURIOSUM 2

Hausflur in B.N.: Tiefster Winter, Glatteis und an die –20 °Celsius – Einsatz zur Reanimation von B.-L. nach N., ich weiß nicht mehr, wie lange wir bis dahin gebraucht haben. Eine adipöse Frau liegt tot im Hausflur, wir fangen vor Ort an zu reanimieren, bisher hat keiner was gemacht. Auf Anfrage erfahre ich, die Familie kommt von einer Feier aus dem Norden, seit G. wäre die Frau öfter bewusstlos gewesen. Ich sehe bereits, dass wir keine Chance haben werden, dieses Leben zu retten, während meine Rettungsassistenten (RA) reanimieren, versuche ich, einen venösen Zugang durch die Fettmassen zu platzieren, als ich erfolgreich bin, verspüre ich einen festen, schmerzhaften Tritt in der Rippengegend ich blicke auf, der Tritt kam vom Ehemann, einen Pinscher auf dem Arm, Kippe im Mund, „kann ick vielleicht ma durch, der Kleene muss Gassi." Ich glaube es kaum, irgendwann brechen wir die Aktion ab und als ich später in die verräucherte Bude trete, steht die gesamte Familie versammelt da, mit Bier und Kippen bewaffnet. Ich erkläre, dass wir nichts mehr für Mutti tun können, sie sei tot. Bevor ich ihnen erklären kann, wie es für sie weitergeht, die Reaktion: „Dich verklag ick wegen fahrlässiger Tötung, deinen Job bist du los!" Ich hinterlasse die notwendigen Papiere, meinen Namen und wo sie sich beschweren können, dann schlittern wir zurück. Es kam nie was.

HOCHZEITEN IM DIENST

Spektakulär sind natürlich unsere Auftritte bei Geburtstagen oder eben Hochzeiten, eigentlich will man uns nicht dabeihaben, aber wenn wir doch nötig sind, unsere Arbeit getan haben und vielleicht Entwarnung gegeben haben, sind alle froh mit uns gemeinsam. Auch bei der Hochzeit von Kollegen sind wir mit Blaulicht vor dem Standesamt vorgefahren – natürlich ohne Martinshorn. Eine Situation ist mir auch noch in Erinnerung, ich habe als junger Assistenz-Arzt Ultraschall-Untersuchungen der Halsgefäße in der Klinik durchgeführt. Nach dem üblichen „Der Nächste bitte" kam ein älteres Ehepaar Hand in Hand in den Untersuchungsraum. Fein gekleidet, offenbar sehr betagt, freundlich, irgendwas strahlten sie aus. Ich bat den Herrn, draußen zu warten, während ich seine über 90-jährige Frau untersuchen wollte. Ein konsequentes „Nein, ich lasse meine Frau nicht allein." Ups – ich war platt und bot ihm einen Stuhl neben der Untersuchungsliege an. Wir unterhielten uns kurz und ich erfuhr, dass sie sich in einem Krieg, sie war asiatischer Herkunft, kennengelernt hatten. Ich weiß es nicht mehr genau, ihr 60. oder 70. Hochzeitstag lag vor ihnen, meine Hochachtung. Ich teilte ihnen einen unbedenklichen Befund mit, wir verabschiedeten uns herzlich und stolz verließen die beiden – natürlich Hand in Hand – den Raum.

HÖHENRETTUNG

Nicht selten werden wir zu Einsätzen alarmiert, wo sich Patienten in eher weniger schnell zugänglichen Situationen befinden, nämlich in einigen Metern Höhe über uns. Auf die spezielle Höhenrettung komme ich in einem späteren Einsatz noch zu sprechen. In

Bild 26: Höhenrettung (Quelle: privat)

diesem Einsatz ging es um einen hochbetagten Herren mit akuten Bauchschmerzen im siebten Stock eines Wohnblocks. Und – natürlich war der Fahrstuhl defekt, eine Herausforderung für alle Beteiligten. Unser Team stieg die Treppen mit allem notwendigem Equipment nach oben, schnell war offensichtlich, dass es der Patient auch nach Schmerzmittelgabe nicht gemeinsam mit uns zu Fuß schaffen würde. Immer wieder dankbar sind wir den Kameraden der Feuerwehr, die uns nach Anforderung unterstützen, was wären wir ohne sie? Der Einsatz der Drehleiter in diesem Fall sorgte dafür, dass der Patient schonend und schnell gerettet wurde. Der gesamte Einsatz von Alarmierung bis Ankunft in der Klinik hat nicht länger als eine Stunde gedauert. Herzlichen Dank, Kameraden.

Bild 27: Höhenrettung (Quelle: privat)

HUMOR

Nicht selten habe ich mit Menschen aus meinem nahen Umfeld darüber diskutiert oder auch gestritten, ob Humor in unserem Beruf angezeigt, vorteilhaft, unangebracht ist oder gar dort nichts zu suchen hat. Ich denke Humor ist erlaubt und es tut meiner Meinung nach, ebenso wie Emotionalität, der geforderten Professionalität in vielen Situationen keinen Abbruch. Auf Meinungen, Vorschläge, Anmerkungen oder Kritik wäre ich gerade diesbezüglich sehr dankbar. Ursprünglich war ja ein Hubschrauber-Tagebuch geplant, über alle acht Jahre habe ich dieses geführt und jeder meiner Einsätze ist darin dokumentiert. Letztlich habe ich mich dazu entschlossen, es mit anderen Erlebnissen aus Klinik und Präklinik zu kombinieren. Ich habe die Tagebuch-Aufzeichnungen meines verehrten Ur-Ur-Großvaters Ottomar Wachs (1822–1894) – Leiter der Hebammenschule Wittenberg – gelesen. Offenbar hatte er neben seinen unglaublichen Verdiensten um seine Patienten und Patientinnen auch eine große Portion Humor. Hier ein kleiner Ausschnitt, der die Sinnhaftigkeit eines Tagebuches, wie folgt, beschreibt: „Neulich fand ich in einer Erzählung Folgendes über das Angenehme eines Tagebuches:

S'ist dies eine eigene Sache mit einem Tagebuche. Wenn auch an sich klein und unbedeutend, ist es doch groß und werthvoll, lieb und theuer Jedem, der es besitzt, denn es beschließt einen unbezahlbaren Schatz von seligen und trüben Erinnerungen, von heitern und finstern Lebensbildern in sich. Wie oft fügt sich's nicht, im wirren Leben, dass die Seele durch irgendeinen Beweggrund schon längst Dahingeschwundenes gemahnt wird. Die süße Sehnsucht möchte dann alle Schranken der Zeit durchbrechen, um sich noch einmal die dahingeschwundenen Stunden zu vergegenwärtigen. Wie schön ist's da, kann man sein liebes Tagebuch hervorholen und die damals niedergeschriebenen Zeilen wiederfinden. Lebendig tritt die Vergangenheit in aller Schönheit, auch mit allen Schrecken vor die Seele, und unwillkührlich ruft man aus,ach damals war ich glücklich' oder,Gottlob, es ist überstanden.'" (Aus: Tagebuchblätter des Geheimen Sanitätsrates Dr. Ottomar Wachs/Wittenberg/1839–1862)

Bild 28: Geh. Sanitätsrat Dr. Ottomar Wachs seit 1869 Leiter der Hebammenschule Wittenberg (Quelle: privat)

INTOXIKATIONEN

Medikamente aller Art, Shampoos, Essig, Laugen, CO-Gas, Drogen, Chemikalien, Alkohol allein oder in Kombination mit anderen Substanzen, Pilze, Psychopharmaka, alles erlebt.

JVA-FÄLLE (JUSTIZVOLLZUGSANSTALT)

Zu DDR-Zeiten, meiner Zeit als Hilfskrankenpfleger, hatten wir öfter Häftlinge aus der Haftanstalt Berlin-Rummelsburg in der Klinik; erwischte ausreisewillige Flüchtlinge oder die sogenannten „Fluchthelfer", stets rund um die Uhr von Beamten in Uniform bewacht. Versuche, mich während der Nachtdienste als Hilfskrankenpfleger in Gespräche zu verwickeln, habe ich stets abgelehnt und ich bin nie darauf eingegangen. Aber wenn ich die Patienten morgens ohne Aufsicht waschen musste, kamen wir ins Gespräch, vieles hab ich da erfahren, was ich mir nicht vorstellen konnte.

Nach 20-jähriger Notarzttätigkeit werde ich/werden wir zu einem Einsatz mit dem RTH in eine JVA bestellt – psychiatrischer Ausnahmezustand. Auf Anfrage wird uns die Zusage über Funk mitgeteilt, wir dürfen im Bereich der JVA landen. Der offensichtlich mit Drogen vollgepumpte Patient, psychisch völlig außer Kontrolle, wird mir vorgestellt (einen Arzt gibt es dort nicht), ich entscheide, der Patient muss einem Psychiater vorgestellt werden, aber ich werde ihn garantiert nicht im Hubi transportieren. Mithilfe von Justizbeamten wird der Patient gefesselt im RTW in meiner Begleitung in die nächstgelegene psychiatrische Klinik verbracht. Bevor die großen Stahltore sich öffnen, kommen wir am Hubi vorbei und ich rufe meinem Piloten zu: „Die paar Jahre gehen bestimmt schnell vorbei, halte aus", er lacht weniger über den Spaß als ich, aber wir sehen uns in Kürze wieder, er muss mich ja zurückfliegen.

JAGDUNFÄLLE

Immer wieder kommt es gerade in meinen Einsatzgebieten an der Müritz mit ihren vielen Wäldern zu Jagdunfällen, auch mit tödlichem Ausgang. Nicht selten sind die Verursacher ältere Herren, deren Tauglichkeit für dieses Hobby ich infrage stelle. Und hier muss man im System einiges hinterfragen. Es gibt offenbar gewollt keinerlei Kontrollmechanismen, was die stolzen Waffenbesitzer betrifft. Gesundheits-Checks, wie Reaktions- oder

Sehvermögen, Konsultation des Hausarztes, nichts gibt es, die Lobby der Oberen Jagdaufsichtsbehörde (in den Landwirtschafts-Ministerien) scheint grenzenlos zu sein. Ein einmal erworbener Waffenbesitzschein – ein Freifahrtschein bis zur Ewigkeit? Muss immer erst eine vielleicht vermeidbare Katastrophe passieren?

Wir werden zum Einsatz in den sechsten Stock einer Plattenbauwohnung gerufen, Stichwort „Psychiatrischer Ausnahmezustand“. In der Wohnung angekommen, empfängt uns eine gepflegte ältere Dame, offenbar ratlos. Es gehe um ihren Ex-Mann, einen über 80-jährigen Herrn, der volltrunken durch die Zimmer rauscht und kaum zu bändigen ist, er faselt immer das Gleiche. Die Wohnung verwahrlost, überall Kot, alte Essensreste, das Wohnzimmer hat er offenbar seit längerer Zeit mit der Toilette verwechselt, die Hose hängt jetzt noch in den Kniekehlen. Ich versuche es zunächst friedlich, dass wir ihn hier nicht lassen können, er will nicht mit und das äußert er auch lautstark. Die Ex-Frau schreit: „Nehmen Sie ihn doch bitte einfach mit!“, ich gebe ihr zu verstehen, dass dies nicht so einfach gegen seinen Willen geht. Im Stehen schreibe ich das Protokoll und beim Umsehen in dieser „Höhle“ fallen mir Fotos aus alten Zeiten auf, Wehrmacht oder andere Truppenteile, die ihm offensichtlich viel bedeuten. Ebenso große Messer und Hirschfänger. Und plötzlich stoße ich mich an einem Schrank, der mit einer großen Decke zugehängt ist. Er verweigert eine Aussage dazu, die Ex-Frau zieht mich in ein anderes Zimmer und beschwört mich, nicht an diesem Thema zu rühren. Jetzt werde ich doch stutzig und fordere Details. Es ist ein Waffenschrank mit mehreren Flinten und scharfer Munition. Ich kann es kaum glauben, es wäre „sein Ein und Alles“, sagt sie mir. Jetzt bin ich im Vorteil, kurzer Prozess wegen Eigen- und Fremdgefährdung – Polizei angefordert und alles geht schnell. Wegen des hohen Alkoholspiegels kann der Patient nicht in die Psychiatrie verbracht werden, erst geht's in die Klinik zum Ausnüchtern. Eigentlich hätte ich erwartet, dass die Polizei die Wohnung versiegelt oder die Waffen konfisziert, aber nein „keine Handhabe, es muss erst was passieren.“ Armes Deutschland.

KINDERNOTFÄLLE

Fall 1: Ich werde diesem Kapitel oder Einsatz sehr viel Platz einräumen, weil er unter dem Strich der im Nachhinein „erfreulichste Notarzt-Einsatz" in meiner 20-jährigen Tätigkeit war und bleiben wird. Alle denken schon fast an ein beginnendes Wochenende, es ist Freitagnachmittag. Pieper schrillt, wieder geht's los. Auf dem Pieper erscheint „Kindernotfall", mir wird schon flau, noch schlimmer wird's, als die Leitstelle uns in der Luft informiert „Ertrinkungsunfall Kleinkind mit Laienreanimation". Es ist mein dritter Einsatz in der Luftrettung. Ich denke einfach nur: „Warum ich?" Ich möchte aussteigen oder abspringen, nur nicht das und nur nicht dorthin. Aber es nutzt nichts, NEF und RTW sind ebenfalls auf dem Weg dorthin und wir treffen fast zeitgleich ein. In einem Garten nahe eines Teiches spielen sich schlimme Szenen ab, schreiende Eltern, ich versuche, ganz ruhig zu sein, um mir die Lage erklären zu lassen. Fiete, 19 Monate alt, war mit seinem Roller in den Teich gefahren, die Eltern besprachen im Haus die Bewerbungsvorstellungen des großen Bruders. Ein Altenpfleger aus dem benachbarten Pflegeheim hatte die Situation erfasst, eilte dazu und begann mit suffizienter Laienreanimation. Beatmung und Herzdruckmassage gemeinsam mit dem Vater. Als wir eintreffen hat das Kind keinen Blutdruck, 60er Herzfrequenz und 92er Sauerstoffsättigung. Es brodelt aber über der Lunge und es hat mit Sicherheit aspiriert. Ich gebe Anweisungen und verteile die Aufgaben, zum Glück ist der andere Notarzt erfahren und besonnen, aber ich entscheide mich; einer kann nur den Hut aufhaben, und übertrage die Aufgaben lautstark, aber besonnen auf alle Beteiligten. Kollegiale Zusammenarbeit, ein wichtiger Faktor in dieser Situation. Wir schieben die Eltern beiseite und klären sie auf, dass wir jetzt unsere Arbeit tun müssen und dann mit ihnen sprechen werden. Bestimmt, aber nicht unfreundlich. Der Kollege versucht einen venösen Zugang in das kleine Ärmchen zu legen, nichts, endlich klappt es im linken Fuß. Die Blutaspiration als Zeichen für einen sicheren Zugang lässt mich aufatmen, ich hatte schon die Knochenmarkspunktion als Ultima Ratio in einen Unterschenkel im Kopf, eine Variante per „Bolzenschussgerät" in den Unterschenkelknochen (aus der israelischen Militärmedizin stammende Variante) favorisiert. Ich habe es erfolgreich bisher einmal bei einem Erwachsenen angewendet und es hat funktioniert. In der Zeit sauge ich das Kind ab und entferne Nudelteile der letzten Mahlzeit aus dem kleinen Mund-Rachenraum. Zum Glück atmet er selbst, aber ich weiß, dass ich um eine Intubation nicht herumkommen werde. Da bin ich sehr froh, trotz aller Anstrengung gestern Abend noch zur Fortbildung „Kindernotfälle" im Potsdamer Bergmann-Klinikum gewesen zu sein. Erster Intubationsversuch misslingt, ich bin in der Speiseröhre gelandet, was immer passieren kann. Luft- und Speisröhre liegen direkt hintereinander. Aus dem Tubus sprudelt mir Mageninhalt entgegen und ich werde etwas unruhiger. Wir sedieren den Kleinen mit einer Kombination aus Schmerz- und Narkosemittel, jetzt beißt er nicht mehr so kräftig zu und nach einigen Hüben mit dem Beatmungsbeutel versuche ich es erneut, ich kann den kleinen Eingang zur Luftröhre nicht genau ausmachen und lege mich bäuchlings in das nasse Gras. Vorsichtiges Einführen des kleinen Tubus, von dem vielleicht dieses Leben abhängt. „Ruhe bewahren", sage ich mir immer wieder. Zweiter Versuch, ich denke, der Tubus sitzt, der Kollege horcht auf den kleinen Brustkorb (Pflicht nach jeder Intubation), gibt mir ein Zeichen, Beutelbeatmung nach nochmaliger Absaugung. Kurzes aufklärendes Gespräch mit den Eltern, jetzt muss entschieden werden, wohin mit dem Knirps. Natürlich ist man froh, solch einen Patienten so schnell als möglich den Spezialisten zu übergeben.

Ich bin inzwischen klatschnass, muss weiter entscheiden. Wohin, ja wohin? Nach meinen neuesten Kontakten durch Hospitation auf der Kinder-ITS im P. Bergmann-Klinikum und Zusage, mit jedem lebensbedrohlichen Kind dorthin zu kommen, entscheide ich mich dazu. Vom Piloten und meinem RA werde ich darauf hingewiesen, in H. sind wir in fast der Hälfte der Zeit, bis P.? knapp 40 Minuten. Ich bleibe bei meinem Entschluss. Ich melde uns telefonisch selbst in P. an und hoffe sehr, Oberarzt F. anzutreffen. Bekomme gar keinen Arzt, aber Zustimmung, dass wir kommen können. Jetzt ist Zeit für die Eltern, danke ihnen und besonders dem Kollegen von der Bodenrettung, viel Zeit ist nicht. Der Kleine erscheint stabil. In Wärmedecken eingehüllt, schieben wir ihn in den Hubi, die Mutter darf mitfliegen, ein weiteres Problem für mich, da ich mich psychisch auch auf sie einstellen muss. Das Angebot, ein Kriseninterventionsteam anzufordern, das rund um die Uhr zur Verfügung steht, möchten die Angehörigen nicht.

Mit einer Hand beatme ich ab und zu den kleinen Patienten, mit der anderen Hand streichle ich die Mama, so gut es jedenfalls in dem beengten Hubschrauber geht. Sie starrt immer auf den Monitor, wie ich auch, reden können wir nicht, ich hab Helm mit Funk auf, sie normale Hörschützer wegen des Lärms im Hubi, also verständigen wir uns per Gestik. Die gemessene Sauerstoffsättigung fällt immer wieder dramatisch ab, ich hab nur die Hautfarbe des Kleinen im Visier, mich irritiert der Befund auch, halte aber brav die Hand der Mutter und beatme ihn ab und zu nur, da er selbst Luft holt. Er wird immer unruhiger, der Pilot mahnt mich, ihn zu informieren, wenn ich mich abschnalle, aber um an das kleine Füßchen zu kommen und um die Narkose zu vertiefen, muss ich einfach etwas freier sein. Der Pilot gibt mir zu verstehen, dass bei Problemen, wenn ich es wünsche, er sofort landen würde, egal wo. Trotz ungutem Gefühl sage ich „weiter geht's", inzwischen ist mir bewusst geworden, dass der erfahrene Kollege mir bestätigt hat, der Tubus säße korrekt. Warum also macht der Kleine solch unruhige Aktionen? Ah, wie eine Erleuchtung durchzuckt es mich, im Gegensatz zur Intubation bei Erwachsenen habe ich den Tubus nicht geblockt (ein kleiner, mit Luft insufflierter Ballon verhindert bei Erwachsenen das Herausrutschen des Tubus), bei Kleinkindern macht man das nicht (mehr). Der dicker gewordene Bauch des Kindes kommt daher, das ich dem Kleinen nicht nur Luft in die Lugen, sondern auch über die Speiseröhre in den Magen gegeben habe und das hat ihn gestresst.

Außerdem sind die Ärmchen kalt, deshalb ist die Messung der Sauerstoffsättigung nicht korrekt, es sind einfach empirische Dinge, die mich nicht dazu bringen, Unruhe zu verbreiten, vielleicht auch eine Portion Glück. Aber da sich das Hautkolorit nicht verändert, bin ich zuversichtlich, sehne aber die Landung in P. alsbald herbei. Gegen halb sieben gehen wir auf dem neuen Hubschrauberlandeplatz des Klinikums runter, es geht durch Gänge und Etagen – auf der ITS werden wir erwartet. J., ein junger Facharzt, der mir viel während meiner Hospitation über pädiatrische Notfälle erzählt hat, nimmt uns in Empfang und ich bin einfach nur froh, bekannte Gesichter, bekanntes Umfeld zu sehen und dass ich den Patienten ordentlich übergeben kann. T., der RA, hatte vor Abflug noch die Superidee, dem Kind eine Temperatursonde zu legen, die ich über die Nase eingeführt platziert hatte, so konnten wir zumindest einen Anstieg der Körpertemperatur von 29,2 °Celsius auf 31,8 °Celsius vermerken.

Eine professionelle und in ruhiger Atmosphäre stattfindende Patientenübergabe erfüllt meine Hoffnungen ganz, der Intensiv-Pädiater J. bedankt sich für das Vertrauen, den Kleinen zu ihnen gebracht zu haben, ich empfinde ähnliches, bin aber auch sehr froh, die Verantwortung jetzt abgeben zu können, und atme erstmals tief durch, ich bin klatschnass und meine Beine sind wie Gummi. Ich rede noch mal mit der Mama, während sich die Schwestern um Fiete kümmern, ich kann nicht umhin und drücke sie herzlich und versichere ihr, dass ihr Kind hier in guten Händen ist.

Irgendwann mal habe ich mir gesagt: „Nach meiner ersten Kinder- oder Säuglings-Reanimation werde ich darüber entscheiden, ob ich den Job weiter mache." Heute habe ich mich bedingt durch viele glückliche Umstände dazu entschieden: Ja, das ist mein Job. Ein großes Glücksgefühl habe ich nun empfunden, es hätte auch anders ausgehen können.

Bei beginnender Dämmerung verlassen wir P., ich mache noch ein paar Fotos, aber wir müssen nach St., um zu tanken. Ein Abstecher bei Christoph 31 verführt noch zu einem Small-Talk, dann geht's im Nachtflug zurück nach P. Die faszinierend beleuchtete Hauptstadt liegt unter uns, aber so richtig kann ich mich nicht daran erfreuen, ich bin noch voll in der Rekapitulation dieses Einsatzes. Dennoch imponieren das Olympiastadion, der Funkturm und ich erkenne das Luftwaffenmuseum Gatow, ehemaliger britischer Luftwaffenstützpunkt.

Kurze Verabschiedung mit dem Dank an M., den Piloten, dass ich mich sehr sicher bei ihm fühle, wenn er fliegt. Er geht jetzt nach H., wo er mit seiner Familie wohnt.

T., der RA, rüstet den Hubi auf, geht duschen und will bald nach Hause. Aber bevor er geht, sagt er einen Satz, wir sind das erste Mal miteinander geflogen – „mit dir flieg ich gern wieder." Das tut gut, weil solche spontanen Sätze nicht alltäglich sind.

Nach einer Dusche, die wohltuend ist und einiges abzuspülen scheint, fährt mein Adrenalinspiegel langsam herunter. Aber es lässt mir keine Ruhe, ich rufe in P. an, J. ist wohl grad im Gespräch mit der Mutter. Dem Jungen geht es gut, Beatmung okay, er scheidet gut aus, Kreislauf stabil, nur was im Kopf ist, wird sich erst ergeben, wenn er aus meiner und dann fortgeführten Narkose erwachen wird. Alles Gute, Fiete!

Heute Nacht bleibe ich in P. auf der Station, kein Pieper wird mich rausschmeißen und ich merke dank der Zeilen, die ich hier schreibe, wie ich mich selbst runterfahre. Aber anrufen werde ich morgen.

FAZIT: Viele andere Dinge verlieren in solch einer Situation einfach an Bedeutung!

Samstag, den 27.9.2008, ich halte es nicht aus und rufe mittags in P. an. Zu meiner großen Freude und Beruhigung erfahre ich, dass Fiete gerade vor einer halben Stunde extubiert werden konnte, munter im Bett tobt und die Schwestern sich wünschen, er würde endlich mal Mittagsruhe halten. Ich bin total erleichtert und werde am Montag, vom Dienst kommend, als Erstes in P. vorbeifahren und einen Krankenbesuch bei Fiete absolvieren, natürlich mit gemeinsamem Foto. Nachmittags rufe ich meinen HCEM an und berichte ihm, auch nach vielen Bemühungen erreiche ich den Notarzt aus L. Er ist erstaunt, dass ihn jemand über den erfreulichen Verlauf informiert, er gibt meinen Dank an ihn gern zurück, wir haben ganz ruhig in gegenseitiger Abstimmung, ohne uns zu kennen, funktioniert. Auf jeden Fall beschließen wir, sollten wir uns mal bei einer Fortbildung treffen, auf dieses Ergebnis und den kleinen Fiete anzustoßen, womit ist egal. 29.9.2008. Nach einem anstrengenden Dienst in R. mit nächtlicher Wasserrettung via

Feuerwehrboot und einem Horrorcrash auf der B 192 mit tödlichem Ausgang gestern zieht es mich nach P. Nicht nach Hause, sondern erst mal auf die Kinder-ITS. Dort angekommen, fallen mir sofort die Eltern in die Arme, es gibt Tränen bei uns allen, der kleine Jan-Fiete tobt über die Station, imitiert Indianer auf Kommando und strahlt übers ganze Gesicht. Ein neurologisches Defizit ist unschwer auszuschließen. Die Schwestern grüßen „ehrfurchtsvoll" und nehmen Anteil an dieser kleinen Zeremonie. Ein ganz wichtiger und mich befriedigender Satz kommt gerade von den Schwestern: „Solch ein gut versorgter Patient kommt hier selten an", das größte Lob, was ich erfahre. Ein Diensthabender mir nicht bekannter Pädiater begrüßt mich mit dem Satz: „Ich hab schon gehört von Ihrer Heldentat." Mir bleibt nur übrig, richtigzustellen, dass dies ein Resultat von vielen glücklichen Umständen mit vielen Beteiligten war. Trotzdem bin ich wahnsinnig stolz. Ich glaube, der schönste Tag in meiner bisherigen Notarzt-Tätigkeit.

Vielleicht etwas übertrieben, aber so fühle ich mich momentan auch und es tut einfach sehr gut, von allen Seiten Respekt, Anerkennung und Stolz vermittelt zu bekommen. K., Chefin der Station Luftrettung Christoph 39 hat auch angerufen, gratuliert mir aus tiefstem Herzen zu der „Heldentat" und will jede Einzelheit des Einsatzes wissen. Einen besseren Einstand als Freelancer in der Luftrettung hätte ich wohl nicht haben können. Aber wer weiß schon, was noch kommt?

Die Eltern versichern mir immer wieder, dass sie versucht haben, mich ausfindig zu machen, ihr und mein Glücksgefühl ist unbeschreiblich. Wir reden und arbeiten das Geschehene auf, so gut es geht. Und ohne Foto-Shooting geht natürlich gar nichts. Ein Brief von mir an Prof. R., Chefarzt der Kinderabteilung im Klinikum EvB, folgt auf dem Fuß, mein Dank an die Hospitationsmöglichkeit und die professionelle Zusammenarbeit in diesem Fall.

Wer weiß, was mich in der nächsten Zeit in der Luft oder auf dem Boden ereilt, es hat mir ein ungemeines Selbstvertrauen gegeben und ich werde mich meinen kommenden Aufgaben gern stellen.

Eines habe ich beschlossen: Ich werde an einem Buch über meine Notarzttätigkeit arbeiten, viele Einsätze von praktischer

Seite aus beschreiben mit den Ereignissen, Gegebenheiten und Gefühlen, die dabei eine Rolle spielen, ob und wann es erscheint, ist völlig egal. Eine interessante Herausforderung auf jeden Fall. Tausende von Bildern habe ich jetzt schon, aus meiner Berliner Zeit beim NAW 6405 fallen mir genügend Situationen auch nach Jahren noch ein.

Außerdem erwäge ich natürlich, diese aktuelle Kasuistik zu veröffentlichen, in der Notarzt-Zeitschrift und im von mir geachteten Magazin „Zeitschrift Rettungsdienst", das mehr für RA gedacht ist.

Ich bin dann doch froh, mein Block-Haus in M. zu erreichen, mich auf mein Privatleben zu konzentrieren und abzuschalten. Die morgendlichen Spaziergänge mit Freund und seinem Hund durch den Wald helfen dabei ungemein. Und es gibt immer irgendwas in Haus und Garten zu tun, was ablenkt. Die „Tankstelle" meines Lebens. Auch etwas anderes weiß ich, keine Arbeit mehr in einem Krankenhaus, wo man sich vielen Dingen beugen muss, sei es die Hierarchie oder die erzwungene bürokratische Verpflichtung, tausend Sachen in PCs eingeben zu müssen und dabei die ärztliche Tätigkeit in den Hintergrund zu zwingen. Nein, Danke.

16.10.2008. Gegen 17:00 Uhr sind wir wieder auf der Station.

Das war's dann wohl für heute? Nein, wir melden uns gegen halb sieben ab und ich fahre nach P. zu Fam. B., weil ich meinen neuen jungen Freund besuchen will. Ausgerüstet mit einem „Gelben Engel", einem Rettungshubschrauber und einer Tube Kinderzahnpasta bin ich kurz nach 19:00 Uhr dort und werde höchst liebevoll empfangen. Fiete ist noch etwas zurückhaltend mir gegenüber, aber voll aufgedreht und weiß, dass ich der Doktor auf dem elterlichen PC-Hintergrundbild bin. Alles aus diesem so glücklich ausgegangenen Einsatz wird besprochen und ausgewertet und die Erzählungen der Eltern sind für mich aus vielerlei Sicht hochinteressant. Sie erzählen das Erlebte aus ihrer Sicht und möchten das Gleiche auch aus meiner Sicht erfahren. Es ist schon sehr spannend, was ich da alles höre. Der Ablauf des Unglückes wird mir nun nach persönlicher Aufarbeitung vielleicht realer erzählt, als es bisher möglich war.

Die Familie war über Tage einem Konglomerat von Gerüchten im eigenen Dorf ausgesetzt, die kaum richtigzustellen waren. Das ging bis zu Unterstellungen, sie hätten das Kind selbst in den Teich „verbracht". Unglaublich. Eins drauf setzten dann noch die Medien, kaum waren die Eltern wieder mit ihrem kleinen Sohn zu Hause, prasselten die Nachfragen und Angebote der Medien auf sie ein, vor denen sie kaum sicher waren. Da waren den Perversionen der heutigen Gesellschaft keine Grenzen gesetzt. Man kann es sich kaum vorstellen, von namhaften Sendern wurde sogar Bedauern über den Ausgang geäußert, bei problematischerem Verlauf wäre alles doch spektakulärer gewesen und das hätte die gewünschten höheren Einschaltquoten zur Folge gehabt. Es wurde sogar angefragt, ob man den Unglückshergang nicht im häuslichen Garten noch einmal nachstellen könnte. Das ist einfach nur pervers. Wahrscheinlich hätte man das Kind dazu noch mal ins Wasser werfen sollen. Auch die Lokalpresse berichtete nicht gerade objektiv, da natürlich auch eine polizeiliche Untersuchung zum Unglückshergang eingeleitet worden war. Lediglich hierzu äußerte sich die Familie nach langem Überlegen, um Verzerrungen der Darstellung richtigzustellen. Sonst hätte man damit rechnen müssen, dass weitere Kundschaft für die selbstständige Dachdeckerfirma der Familie ausblieb, und was das bedeutet, ist wohl jedem klar. Innerhalb von wenigen Tagen wäre alles, was in den letzten Jahren aufgebaut worden war, den Bach runtergegangen. Der Vater konnte übrigens erst knapp zwei Wochen nach dem Unglück wieder ein Dach besteigen.

Für mich besonders interessant, was in der Mutter alles vorgegangen ist. Bereits vor und während unserer Reanimationsbemühungen hatte sie sich auf eine ganz schlimme Botschaft durch uns eingestellt. Sie hatte sich schon mit dem Tod ihres Kindes „arrangiert". Sogar Bilder einer Beerdigungszeremonie mit zerstrittener Familie seien in ihrem Kopf bildhaft abgelaufen. Das konnte sie alles glaubhaft berichten. Auch die Zeit während unseres gemeinsamen Fluges im Rettungshubschrauber nach P. waren ihr sehr gut erinnerlich, so wie die auch von ihr registrierten angezeigten Abfälle der Sauerstoffsättigung. Mein nach oben zeigender

Daumen hätte sie immer wieder beruhigt, verständigen konnten wir uns mündlich ja nicht.

Fazit: Wir sind alle glücklich über den Ausgang und werden uns auch heute nicht zum letzten Mal gesehen haben.

Gegen 21:00 Uhr ist Fiete immer noch munter und aufgedreht, ich verabschiede mich langsam und nachdem das Eis gebrochen ist, bekomme ich noch ein dickes Küsschen mit auf den Weg.

SMS von Familie B. nach meinem ersten Besuch bei Jan-Fiete: „Guten Morgen, Herr Doktore, wir sind auch total glücklich, dass es unserem Fiete wieder so gut geht und dass Sie so ein toller Mensch sind. Wir können Ihnen nicht genug danken, aber das wissen Sie ja auch. Wir hoffen nur, dass Sie uns bald wieder besuchen kommen. Liebe Grüße von uns allen und ein schönes Wochenende!"

In einer Broschüre anlässlich des 40. Jubiläums des ADAC findet auch diese letzte Kasuistik neben neun anderen Fall-Darstellungen ihren Platz. Das macht schon etwas stolz.

Bild 29: Unglücksgrundstück (Quelle: Familie B.)

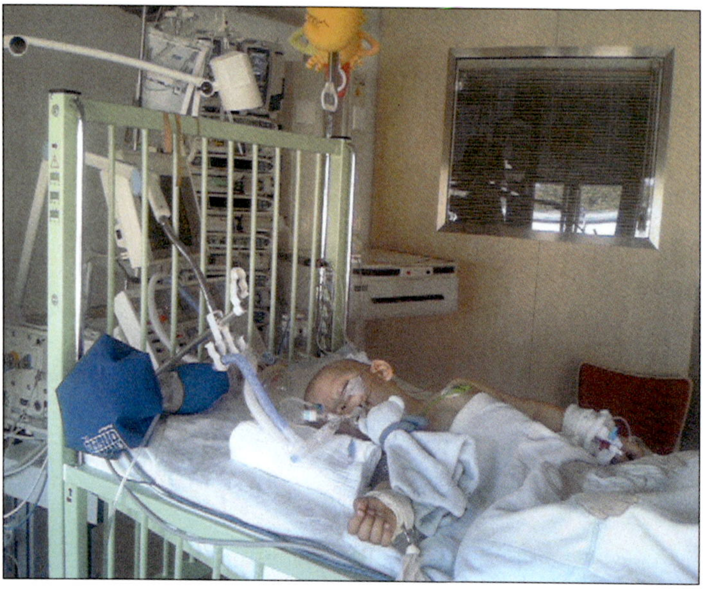

Bild 30: Fiete auf ITS (Quelle: privat)

Bild 31: Fiete zu Besuch bei Christoph 39 (Quelle: privat)

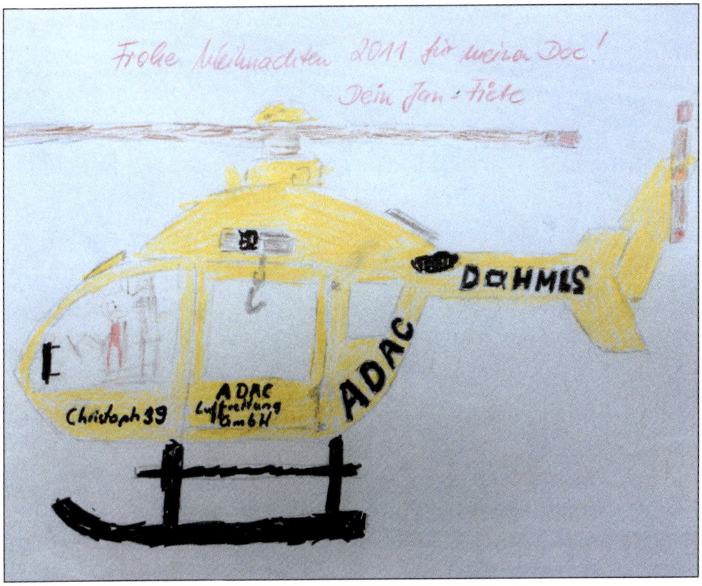

Bild 32: Dankeschön an Christoph 39 (Quelle: Fam. B.)

Fall 2: Um 10:19 Uhr, ich stehe gerade in der Notaufnahme und bespreche einen Fall von vorhin, da werde ich gerufen. EINSATZ – KINDERREANIMATION.

Ich stürze los, rein in den Hubschrauber und schon sind wir in der Luft. Nach H. geht es in die inselartige Innenstadt. M., der Pilot, weiß noch nicht genau, wo er optimal landen kann, und entschließt sich dann zu einer Meisterleistung. Punktlandung auf dem von Häusern eingerahmten Marktplatz. Absperrgitter fallen um, Schaulustige überall, die Polizei hat zu tun, unsere Landung abzusichern. Aber das geht mich im Moment wenig an. Inzwischen wissen wir nur, dass der bodengebundene Notarzt schon vor Ort reanimiert. Ich stürme in einen Hausflur, Treppen hoch und komme in ein Zimmer. Ein einjähriges Kind liegt auf dem Boden und wird reanimiert. Es ist bereits intubiert und hat einen venösen Zugang in der linken Tibia. Kurz lasse ich mir vom Notarzt wichtigste Informationen geben. Das Kind war wohl von der Mutter eine halbe Stunde allein gelassen worden, als sie das Kind in der Wohnung vorfand, war es leblos. Es war also einige Zeit vergangen, bevor dann der Rettungsdienst eintraf und sofort mit den Maßnahmen der kardiopulmonalen Reanimation begann. Zum Glück ist der Notarzt ein versierter Anästhesist und Intensivmediziner, jetzt Chefarzt einer ITS eines nahegelegenen Krankenhauses. Wir führen die weitere Reanimation gemeinsam durch, der Anblick des Kleinkindes hat mir von Anbeginn gezeigt, dass unsere Erfolge wohl eher bescheiden sein werden. Trotz Gabe von potenten Medikamenten springt das Herz einfach nicht an, die bereits lichtstarren Pupillen beginnen sich zu entrunden und an den Extremitäten bilden sich Leichenflecken. Ich denke über das weitere Vorgehen bereits nach, der Kollege wohl ebenso und schlägt vor, dass wir das Kind vielleicht unter Rea-Bedingungen wegfliegen. Ich berate kurz mit meinem HCM N., diese Variante macht eher wenig Sinn, wir machen den Vorschlag, noch eine gewisse Zeit weiterzumachen und das Ganze irgendwann abzubrechen, nicht zu einer vollen Stunde, sondern nach Absprache, damit es nicht so berechnend aussieht. Die Chancen eines Erfolges sind wirklich gleich null, wenn alle Zeitintervalle stimmen, ist der Herz-Kreislaufstillstand vor mindestens eineinhalb Stunden eingetreten. Ich lege in Absprache mit dem Kollegen einen Zeitpunkt fest, wann wir aufhören werden. Und so machen wir es dann auch, ein schwerer Moment, die Nulllinie wird mehrfach dokumentiert. Ich biete dem Kollegen an, dass er als ersteingetroffener Notarzt die Papiere erledigt und ich das Gespräch mit den Eltern suchen und durchführen werde. Keine leichte Entscheidung. So gut es geht, habe ich die eigenen kurz aufgekommenen Tränen in meinen Augen entfernt und mehrmals tief durchgeatmet. Ich räume etwas auf und bette das verstorbene Kind auf dem Sofa mit Kopfkissen und Decke, falls die Eltern Abschied nehmen möchten. Dann spreche ich mit den Eltern, kläre sie über alles auf, versuche Trost zu spenden. Auch die bestellte Kripo und ein KIT muss ich ihnen ankündigen. Ich biete ihnen an, sich von ihrem Kind im Moment zu verabschieden, sie möchten aber nicht. Dann verabschiede ich mich langsam und gehe davon. Der Beamte der Kripo kommt mir im Hausflur entgegen, ich möchte jetzt nur noch zum Hubschrauber und weg. Vorher verabschiede und bedanke ich mich noch bei meinem notärztlichen Kollegen und seinen Assistenten. Wir fliegen zurück zur Station und ich habe das Bedürfnis, einen Moment allein zu sein. Aber HCEM und Pilot kennen mich inzwischen zu gut, sie haben die Leitende Hubschrauberärztin informiert, sie kommt sofort zur Station und fragt, wie es mir geht und ob ich möchte, dass wir vielleicht für eine gewisse Zeit außer Dienst gehen. Da spüre ich wieder dieses Zusammengehörigkeitsgefühl, einer ist für den anderen da, gut zu wissen. Ich brauche aber in diesem speziellen Fall keine momentane Auszeit. Für das Kind wurde alles getan, andere Optionen gab es nicht, so traurig es auch ist.

Fünf Tage später, als ob ich es gefühlt hätte, rufe ich bei der Kripo in H. an, der Kollege, der vor Ort war, kam gerade aus M. von der Uni-Klinik zurück, heute war die Autopsie des Kindes. Nach intensiven Befragungen der Mutter stellte sich heraus, dass sie die Wohnung gar nicht verlassen hatte. Sie war wohl längere Zeit

Bild 33: Punktlandung auf Marktplatz (Quelle: privat)

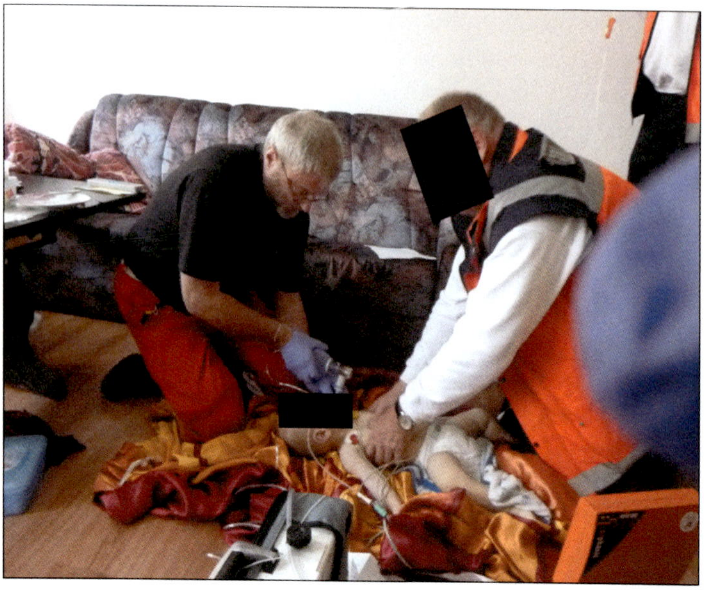

Bild 34: Kinder-Reanimation (Quelle: privat)

nicht bei dem Kind und fand es dann im Lattenrost des Bettes eingeklemmt, offensichtlich schon tot. Das Kind ist laut Obduktionsbefund erstickt. Dann rief sie den Rettungsdienst. Umso schlimmer die Tatsache, dass das Kind bei der Polizei bekannt ist, wegen einer ähnlichen Situation in der Vergangenheit, nur da hatte das Kind offensichtlich mehr Glück. Jetzt kommt auf die hochschwangere Mutter natürlich einiges zu. Morgen informiere ich den Kollegen aus H., da war einfach keine Hilfe mehr möglich.

Fall 3: Gleich morgens geht der Pieper, eine Alarmierung, die alles und nichts aussagt. Schwere Verletzung, Becken, Hüfte, Oberschenkel, damit kann ich gar nichts anfangen. Beim Landen sehe ich Baufahrzeuge und große Betonröhren auf dem Boden, aber so wird man in die Irre geführt. Wir betreten ein Haus, im Wohnzimmer liegt ein kleines, dreieinhalb Jahre altes Mädchen, darum die Großeltern und die Mama. Mein erster Eindruck scheint zu stimmen, bildungsferne Schichten, wie man es heute nennt. Das

Nächste kann ich gar nicht so recht glauben. Das Kind liegt da, mit abgewinkeltem rechtem Bein, und weint vor Schmerzen. Mir wird berichtet, dass das Kind allein am Vorabend Fußball gespielt hat, dann weinend im Garten lag. Ich muss aufpassen, dass ich nicht ausraste, denn auf meine Frage, warum das Kind nicht schon gestern einem Arzt vorgestellt wurde, heißt es, man hätte ja gekühlt. Ich mag mir nicht vorstellen, was die Kleine vielleicht über zwölf Stunden an Schmerzen gehabt haben mag, also gebe ich ihr neben Schmerzmitteln auch etwas zum Schlafen, aber sie steckt das alles weg und meint dann, sie könne jetzt sicher wieder laufen. Wir fliegen sie nach N., später erfahre ich, dass ein Muskelfaserriss diagnostiziert worden ist. Bei einem dreijährigen Kind? Das Ganze lässt mir gar keine Ruhe und da gerade in Deutschland wieder vier Babys tot gefunden wurden (eins bei mir in der Nähe in G.) rufe ich nochmals in N. an, ob das Kind nicht möglicherweise auch ein Missbrauchsopfer sein könnte? Sicher muss man vorsichtig mit solchen Verdächtigungen sein, aber man muss auch dran denken in der heutigen Zeit. Jetzt erfahre ich, dass doch eine Tibia-Fraktur festgestellt worden ist, vielleicht deshalb diese Position als Schonhaltung?

KINDER-PSYCHIATRIE

Es geht mit dem RTH in eine nahegelegene psychiatrische Kindereinrichtung, schon vor dem Gebäude kommen uns Mitarbeiterinnen entgegengelaufen, „der M. hat alles kurz und klein geschlagen." Vor einem Haus sehe ich Reste von Möbeln, Spielzeug und einen Teddybären liegen, dazwischen Glasscheiben. Ich gehe mit meinem RA hinein, zwei RA erwarten uns schon, sie berichten, als sie mit dem RTW ankamen, saß der elfjährige(!) Junge auf dem Fenstersims, ob er rausspringen wollte, weiß keiner genau. Ich betrete die Räumlichkeiten, das Gemeinschaftszimmer für Aufenthalte und Spiele ist komplett verwüstet – M. sitzt im Nebenraum und ist sehr aufgebracht. Ich versuche es erst einmal auf die freundliche und diplomatische Art, stelle mich vor und reiche ihm zur Begrüßung die Hand, er gibt mir nach kurzem Moment seine kleine Jungenhand, aufschauen und mich ansehen will er nicht. Ich habe inzwischen ein paar Dinge erfahren, er ist einfach „ausgetickt" und hat alles zertrümmert, weil die Leiterin ihn nicht sofort telefonisch mit seiner Mutter verbinden wollte, die offensichtlich nicht mehr mit ihm klarkam. Noch immer friedlich fordere ich ihn auf, das nach draußen beförderte Zeug sofort wieder einzusammeln, spreche speziell den Teddy an. Schau an, er trabt auch los und sammelt alles ein. Die Mitarbeiterinnen sind nicht in der Lage, ihn weiter zu betreuen, das verstehe ich auch, aber das ist nicht Angelegenheit des Rettungsdienstes. Für mich steht die sogenannte „Eigengefährdung" im Vordergrund, er hat auch angekündigt, sich zu „ritzen", da kann auch mal ein Gefäß getroffen werden und das kann zu schweren Blutungen führen. Als ich ihm dann mitteile, dass wir ihn mitnehmen werden, rastet er wieder aus, schlägt um sich, tritt aus und wirft mit Gegenständen. Es beginnt ein regelrechter Kampf mit dem Jungen, ein RA versucht ihn zu fixieren, während er uns schreiend beschimpft und sich immer mehr reinsteigert. Ich versuche immer wieder, ihn zu beruhigen, rede auf ihn ein, telefoniere mit der Mutter. Irgendwann reißt mir dann aber auch die Geduld und ich werde laut. Er schreit uns in böser Weise an, übelstes Vokabular und je fester er fixiert wird, umso aggressiver wird er. Aber wir wissen nicht, was er tut, wenn er losgelassen wird. Nichts um ihn herum ist sicher. Ich verrate ihm die Möglichkeiten, die infrage kommen, nichts ist für ihn akzeptabel, ich kündige ihm an, dass er in jedem Falle mitgenommen wird. Er will schon gar nicht mit nach N. (Kinder- und Jugend-Psychiatrie). Der Kampf wird immer schwieriger, er ist kaum zu bändigen. Da reicht es dann auch meinem friedlichen RA, er stürzt auf ihn zu, packt ihn mit beiden Armen und wirft ihn auf ein weiches Sofa, nun liegen zwei Erwachsene auf ihm und können ihn kaum halten. Wie gesagt, ein Stift von elf Jahren. Ich hab die Mutter wieder am Telefon, sie ist inzwischen mit einer Zwangseinweisung einverstanden und redet auch nochmals auf ihren Sohn ein, friedlich mitzukommen. Er ist nicht zu beruhigen, er will mich „töten", mich „Spasti". Er schreit unter der Last der auf ihm liegenden RA. Natürlich tut das weh und die Luft wird mal knapp, er hat sich ja auch reichlich reingesteigert, man muss natürlich aufpassen, dass er nicht körperlichen Schaden nimmt. Ich hab die Faxen dicke, die Zeit ist weit fortgeschritten, lange hab ich überlegt, ihn medikamentös zu sedieren, aber irgendetwas hält mich davon ab. Ich entschließe mich für die andere Variante – Polizei anfordern. Bis die beiden Kollegen der Streife erscheinen, vergeht nochmals Zeit und dann geht alles ganz schnell. Die junge Beamtin und der ältere Kollege ziehen ihre Handschuhe über, nachdem ich die Situation geschildert habe, sie fackeln nicht lange. Die entsprechenden Griffe, er liegt auf dem Bauch und schon klicken die Handschellen, er ist außer sich vor Wut. Die Beamten schleppen ihn in den RTW, wir lassen ihn sitzend transportieren, er geifert mich an: „Du Bastard, ich finde und töte dich irgendwann!" Nochmals, elf Jahre, was geht in solch einem Jungen nur vor, was hat er schon erlebt? Ich bin ziemlich bedient, ich werde solch einen Patienten aber nie, auch nicht sediert, in den Hubschrauber nehmen. Das heißt aber, ich muss den Transport begleiten, gemeinsam mit der ersten Streifenwagenbesatzung. Sie fordern eine weitere Streife nach, um den Vandalismus im Heim zu protokollieren. Nun muss ich wirklich herzhaft lachen, als der zweite Streifenwagen auf den Hof fährt, höre ich den einen Polizisten sagen: „Ah, die Bullen kommen."

Es kommt nach einem Telefonat mit einem Psychiater nur die Einrichtung in N. infrage, also geht es los, wir fahren über eine Stunde, bis wir da sind. Als wir die „Geschlossene" betreten, wird M. von Personal und Patienten und Patientinnen begrüßt, man kennt sich halt. Als ich ihn der diensthabenden Ärztin übergeben habe, sitzt er friedlich am Tisch und empfängt sein Abendessen. Ich kann es mir nicht verkneifen. Sage ihm, dass sich jeder an bestimmte Regeln halten muss und dass wir in den letzten Stunden nicht für zum Beispiel Unfallopfer da waren, die wirklich unsere Hilfe gebraucht hätten. Aber das beeindruckt ihn nicht wirklich. Fazit: Einsatzdauer über drei Stunden, Rettungsmittel: ein RTH, ein RTW und zwei Streifenwagen, was ist das für eine kranke Gesellschaft? Von den Kosten ganz abgesehen.

Bild 35: Aufenthaltsraum Kindereinrichtung (Quelle: privat)

Bild 36: M. in Handschellen durch Polizei (Quelle: privat)

KURIOSUM 3 – PASST GERADE ZUM PSYCHIATRISCHEN EINSATZ

Das Doppelte Lottchen – wir werden zum psychiatrischen Notfall in eine Ferienwohnung gerufen, alles ist demoliert, zerstört, Mobiliar, Gläser, Porzellan, Klamotten, nebenbei fallen mir so was wie eine Unmenge von Tabakkrümeln auf dem Fußboden auf. Dann sehe ich die Patientin, apathisch, fast stuporös sitzt sie in einem Sessel und reagiert auf keine meiner Fragen. Die Vermieterin der FW steht bei ihr und redet besänftigend auf sie ein, das finde ich schön. Ein Häufchen Elend in zerfetztem blutigem Nachthemd am helllichten Tag, aus ihr ist wirklich nichts rauszukriegen. Im Gegensatz zu psychiatrischen Patienten (zum Beispiel Suizidenten), die oft viel Zeit kosten bezüglich des Einverständnisses der Mitnahme ins KH bis hin zur Amtshilfe durch die Polizei, ist diese Patientin unkompliziert und folgt uns in den Rettungswagen. Wir übergeben sie an den diensthabenden Psychiater und melden uns einsatzbereit. Nächster Einsatz – psychiatrischer Notfall – Patientin hat sich in suizidaler Absicht auf eine große Kreuzung gelegt – Rushhour Freitagnachmittags – viele Verkehrsteilnehmer ignorieren unsere Sonderrechte, wie so oft, sie wollen nach Hause. Als wir auf der angegebenen Straßenkreuzung ankommen, glaub ich's nicht – erstens lag nach Aussagen meiner RA eine Frau wirklich auf der Kreuzung (jetzt im RTW), als ich den RTW betrete, traue ich meinen Augen kaum. Hab ich jetzt Halluzinationen? Da liegt die Patientin, die wir gerade in die Psychiatrie 30 Kilometer entfernt verbracht haben, im gleichen Nachthemd. Wie kam sie denn schneller auf die Kreuzung als wir vom Einsatz zurück? Ganz einfach, sie ist die Zwillingsschwester, die beiden sind nach unseren Recherchen irgendwo in Süddeutschland ausgebüxt und haben sich in der FW an der Müritz verschanzt. Die Tabakkrümel waren irgendwelches selbst gepanschtes Drogenzeug, das sie sich laut der Vermieterin schon seit Tagen eingepfiffen hatten – na guten Appetit.

KONIOTOMIE – VERSUCH

Aus meiner mehrjährigen Zeit als Notarzt in B., den Brennpunktgebieten Lichtenberg, Friedrichshain, Marzahn und später auch Neukölln und Kreuzberg, gäbe es so manches zu berichten. Dieses Mal ging es in die unmittelbare Nähe unseres Stützpunktes. Stichwort „Atemnot". Ein Hochhaus „Platte" erwartete uns, der Fahrstuhl nahm uns nicht auf, weil defekt. Mit allem Equipment (EKG, Beatmungsgerät, Absaugvorrichtung, Notfallkoffer und der Trage) erreichten wir irgendwie den 13. Stock zu Fuß, nun war auch uns die Luft knapp. Die Haustür war bereits geöffnet, aber die Wohnung erschien leer. Dafür aber ein strenger Geruch nach menschlichen Abbauprodukten, speziell der Nieren. Beißender Uringeruch ließ die Atmung noch schwerer werden. Endlich ließ sich dann auch der Patient finden. Außer einem Telefon war die Bude einfach leer. In einem See von Urin lag da ein menschliches Wesen und rang verzweifelt nach Luft. Also erst einmal Sauerstoffgabe, dabei sah ich einen offensichtlich von einem Tumor völlig zerfressenen Halsbereich, wo keine anatomischen Strukturen zu erkennen waren. Ein Karzinom, das bereits weite Teile des Mund- und Rachenbereiches vernichtet hatte? „Wie soll man solch einen Patienten nun intubieren?", dachte ich. Also weiter Sauerstoffgabe, bis die Hautfarbe etwas besser wurde. Zu diesem Zeitpunkt hatten wir im Berliner Rettungsdienst noch keine Sauerstoffsättigungsmessung zur Verfügung, heute ein elementarer Bestandteil der Ausrüstung. Irgendwann hatte ich etwas von Koniotomie gelesen und gehört, in der Hoffnung, es nie im Ernstfall anwenden zu müssen. Hier blieb mir wohl keine andere Wahl. Ich habe es versucht, stieß aber nur auf Gewebsmassen, die dort einfach nicht hingehörten, von einer Lokalisation der Luftröhre ganz zu schweigen. Was tun? Ich wollte nicht mehr manipulieren, es blutete schon genug, deshalb instruierte ich meine Rettungsassistenten, Beutelbeatmung und ab durch die Mitte ins nahegelegene Unfall-Krankenhaus Marzahn mit Voranmeldung eines lebensbedrohlich gefährdeten Patienten. Dort mit dem noch lebenden Patienten angekommen, wurden wir von einer Vielzahl ärztlicher Kollegen erwartet. Voller Aufregung stotterte ich meine Übergabe des Patienten heraus, die Kritik, den Patienten nicht ausreichend versorgt zu haben, marterte mein Hirn. Endlich nahm mich ein Kollege der HNO-Abteilung zur Seite und versicherte mir: „Hier hätten Sie keine Chance gehabt. Wir kennen den Patienten seit Jahren, ein fortschreitender Prozess bei Non-Compliance des Patienten." Die folgenden Maßnahmen noch in der Notaufnahme via Notfall-Koniotomie haben mich sehr beeindruckt, sie bekamen irgendwie einen Zugang zu den Luftwegen, aber es hat nichts genützt. Auf meine Nachfrage am nächsten Tag wurde mir mitgeteilt, der Patient sei verstorben.

LANDMASCHINEN-UNFÄLLE AUF BAUERNHÖFEN

Fall 1: Der Pieper holt mich aus dem Mittagsschlaf. Stichwort: „Person unter Traktor", na prima und das bei über 30 °Celsius in der Mittagshitze. Das Fax verheißt auch nicht gerade Angenehmes, acht Feuerwehren sind mitalarmiert. Als wir ankommen, gibt es doch ein wenig Entwarnung, der 80-jährige Patient ist mit seinem Radlader zur Mistumkehr im Stall zur Seite gekippt und die Maschine hat dem alten Herrn wohl einen Fuß eingeklemmt, er hat es selbst wohl auch knacken hören. Er sitzt jetzt etwas schockig im Stall und ist verwundert über so viel personellen Aufwand. Mehrere Männer hatten ihn inzwischen mit zwei weiteren Radladern aus seiner Misere befreit. Zum Ausschluss einer Unterschenkel- beziehungsweise Sprunggelenksfraktur lasse ich ihn mit dem RTW nach P. zur Diagnostik bringen. Ein harter Kerl, der über 80-jährige Mann hat wahrscheinlich schon Stalingrad mitgemacht, selbst auf eine angebotene Schmerzmedikation verzichtet er.

Fall 2: Heute soll es schon interessanter werden. Erster Einsatz nach A. R., eine 90-jährige Dame mit Herzschmerzen, da ihr Herzrhythmus durch einen HSM getriggert wird, kann ich bei bekannter KHK einen Infarkt nur in der Klinik ausschließen lassen, wieder geht es nach N. Als wir in der Klinik eintreffen, fährt gerade das NEF mit einem Kollegen von uns zum Einsatz. Kurzer Gruß und die Frage, ob wir den Einsatz nicht übernehmen wollen – Person von eigenem Traktor überrollt? Ich lehne dankend ab, außerdem müssen wir unsere Patientin ja erst in der NFA übergeben. Anschließend gehen wir Mittagessen, auch wenn noch etwas zeitig, aber hier werden wir wirklich immer verwöhnt in der Caféteria, Essen, Getränke, Salate, Desserts – alles kostenlos. Die Freude währt nicht lang, da schrillt der Pieper, als ob ich es geahnt hätte – Nachforderung zum Traktor-Unfall. Auf dem Weg zum Hubi gibt es die ersten Spekulationen, warum bringt K. den Patienten nicht hierher? Ist doch nicht so weit entfernt. Ich vermute richtig, die intensivmedizinischen Kapazitäten sind in N. erschöpft, deshalb muss der Patient woanders hin. Wir fliegen nur wenige Minuten, bis wir die Einsatzstelle erreichen, und dann kommt wieder so ein Moment, wo sich Spannung, Dramatik und Kuriosität im Rettungsdienst paaren und man sich ein Lächeln (oder entsprechende Bemerkungen) nicht verkneifen kann. Ein circa 60-jähriger Patient war allein auf landwirtschaftlichem Gelände mit seinem Traktor unterwegs und irgendwie hat er sich von seinem eigenen Gefährt überrollen lassen, keine Ahnung, wie so was geht. Als die Bodenrettung eintrifft, ist er ansprechbar, orientiert, wenig beeinträchtigt. Laut Notarzt hat er wegen der Schmerzen eine Tablette Ibuprofen 600 genommen und wollte zunächst nach Hause duschen fahren (bereits da kann ich mir ein Lachen nicht ganz verkneifen). Wenigstens hat er seine Lebensabschnittsgefährtin noch angerufen, die offenbar auch nicht die „Hellste“ ist, aber sie hat wenigstens die 112 angerufen. Nun, da K. die sichtbaren Verletzungen an Bauch, Thorax, Knie und livide verfärbten Zehen des linken Fußes nicht geheuer waren und er innere Verletzungen natürlich nicht ausschließen konnte, hat er kurzerhand „Licht im Hals“ gemacht, das heißt, er hat ihn unter stattgehabter Analgosedierung intubiert und beatmet und so übernehmen wir ihn. Gute Arbeit, ich checke noch ein paar Dinge, möchte bei diesem Unfallhergang noch eine Cervical-Stütze angelegt haben und schreibe mein Protokoll, rede mit der Angehörigen und dann kann's schon losgehen. Mein HCEM K. hat bereits alles geklärt und organisiert, das UKB (Unfallkrankenhaus B.-M.) ist aufnahmebereit und erwartet uns. Wunderbares Flugwetter bei Sonne und blauem Himmel führt uns in die Hauptstadt, auch die kollegiale und professionelle Übergabe macht Spaß. Allerdings müssen wir uns bald wieder aus dem Staub machen, die Kollegen der Luftrettung aus B. S. werden erwartet mit einem schwierigen Fall, ein Patient ist wohl mit dem Kopf in ein Schweißgerät gekommen, keine schöne Vorstellung. Da der zweite Dachlandeplatz im UKB derzeit gesperrt ist, machen wir gern Platz und fliegen gen Süden nach S. zum Tanken. Berlin unter mir, es ist immer ein toller Moment, wir fliegen über L., meine alte Wirkungsstätte über zwei Jahrzehnte (OZK), die Oberbaumbrücke, Flughafen Tempelhof – viele schöne Fotos gelingen wieder einmal. Tanken und Kaffeepause mit Plausch in St. bei den Kollegen vom Christoph 31.

LEICHENFUNDE

Babyleiche – ein kurzes Leben – warum? Alarm: aufgefundene Babyleiche im Wald in der Nähe eines Friedhofes durch Spaziergängerin mit Hund. Zunächst denke ich an und hoffe ich auf eine Fehlmeldung. Fehlalarme sind im Rettungsdienst nichts Ungewöhnliches, der Grund dafür ist vielschichtig, immer häufiger aber wird dies missbraucht, einfach aus Langeweile. Wir treffen als Erste ein, da sich unsere Rettungswache in unmittelbarer Nähe befindet. So auch mein RA, der in der Nachbarschaft wohnt und täglich mit seinem Schäferhund in diesem Wäldchen „Gassi" geht.

Die aufgeregte Melderin schildert uns den Fundort nach unserem Eintreffen, ich bitte sie, in gewisser Distanz zum Fundort für falls notwendige Aussagen für die Polizei zu warten. Wir nähern uns der angegebenen Stelle, zunächst sehe ich eine ALDI-Plastiktüte, etwas zerrissen, daneben eine Decke oder ein Handtuch. Als ich schließlich direkt am Ort bin, muss ich glauben, was uns gemeldet wurde. Ich sehe einen kleinen menschlichen Körper oder besser: was davon noch übrig ist. Stark von Tierfraß angegriffen, lässt sich eine circa 20 Zentimeter lange, vertrocknete Nabelschnur erkennen, die wie eine Antenne in die Luft ragt. Der Brustkorb ist offen, die Eingeweide und ebenso das Innere der Augenhöhlen durch Tierfraß bereits vernichtet. Ein scheußlicher Anblick, der sich in mein Gehirn einbrennt. Da gibt es nichts mehr für uns zu tun. Sicherung des Areals und Warten auf die Polizei/Kripo und Schilderung der Auffindungssituation, bis wir „entlassen" werden. Der Einsatz hinterlässt unauslöschbare Bilder, die sich anschließenden Ermittlungen erreichen natürlich auch die Medien und fast täglich wird man wieder damit konfrontiert. Groß angelegte Untersuchungen (Speicheltests) durch die Staatsanwaltschaft führen nach einiger Zeit zur Ermittlung der Mutter, ein 15-jähriges Mädchen, das den Säugling nach der Entbindung später in diesem Wäldchen abgelegt hat. Nachdem alle Ermittlungen abgeschlossen sind, wird der Gerichtstermin anberaumt. Ich nehme Kontakt zu Staatsanwalt, Richter und Verteidigerin auf, der Einsatz geht mir einfach nicht aus dem Kopf und ich habe immer versucht, Erklärungen für ein solches Handeln zu verstehen, ohne es gleich zu verurteilen, bevor man nicht die Einzelheiten dazu weiß. Nach vielen Bemühungen meinerseits und auch dem Einverständnis der Behörden und der Beschuldigten darf ich als einziger „Zuhörer" diesem Prozess beiwohnen. Die vielen Einzelheiten, die hier zum Vorschein kommen, lassen mich manches mit anderen Augen sehen. Das heißt nicht, dass solch eine Tat entschuldbar ist, heute, wo Babyklappen und Ansprechpartner für solche ausweglos erscheinenden Situationen auch für junge Mädchen existieren. Das Urteil hat mich sehr erstaunt, wenn auch verwundert, aber das muss ich nicht entscheiden. Vier Jahre Haft, das Mädchen kann den Schul-

Bild 37: Leichenfund Baby (Quelle: privat)

abschluss machen; heute weiß ich, es hat eine Familie gegründet und ist auf einem guten Weg. Warum stand diesem jungen Mädchen damals keiner zur Seite und warum hat keiner von dieser Schwangerschaft was gemerkt, Familie, Freunde oder Schule?

LEITSTELLEN-PROBLEMATIK UND LNA

Große Worte, denken manche, machen einfach was her, so entstehen immer wieder Wortschöpfungen, wie zum Beispiel „Integrierte Großraum-Leitstelle". Es ist nichts anderes als Personaleinsparung. In diesen Großraumleitstellen sitzen gut ausgebildete Disponenten, aber sie müssen Rettungskräfte in Regionen schicken, die sie selbst gar nicht kennen. Dazu kommt, dass diese Disponenten teils Computerprogramme vor sich haben, die ihnen Weisungen erteilen, die gar keinen Sinn machen. Danach wird gehandelt und oftmals werden leider die eigene Kreativität, eigenes Denken nicht mehr zugelassen. Ich weiß, dass es für diese Mitarbeiter oft schwer ist, sich in die Lage einer verzweifelten Mutti, eines älteren Mannes, der Angst um seine kollabierte Frau hat, oder die eines zufällig zu einem Verkehrsunfall kommenden Laien, der Verletzte oder gar Tote vor sich hat, zu versetzen. In früheren regionalen RLST kannten sich die Disponenten aus, sie konnten wertvolle Hinweise geben, wie die Einsatzkräfte vielleicht noch schneller beim Patienten sein könnten – gibt es heute alles nicht mehr –, warum nur wird Bewährtes zerschlagen und kaputtgemacht?

Die Arbeit der in den Leitstellen tätigen Mitarbeiter ist sicher oft nicht einfach, sie müssen entscheiden, wen schicke ich wann wohin. Nun gibt es allerdings auch Einsatzmeldungen, aus denen die Kollegen nicht allzu viel entnehmen können oder wo man sich fragt: Muss dort wirklich der Rettungsdienst hinfahren? Hierfür einige Beispiele:

> Einsatzstichwort „Nervosität“

> „Kreislaufprobleme, weil ein Bohrhammer im Haus bohrt, Patient kann wegen Schmerzen in After und Penis nur schwer sitzen“

> „Schmerz-Zustand bei Sonnenbrand („Kommt endlich, ihr Dreckschweine, und diskutiert nicht!“)“

> „Jugendliche bekommen schlecht Luft – Feuerlöscher im ganzen Haus, stehen draußen“

Ich glaube, das reicht hierzu. Die Hemmschwellen sind derart gesunken, viele Menschen denken einfach gar nicht darüber nach, was ein Notruf bedeutet, nämlich dass wir für wirkliche Notfälle blockiert sind. Im Notfall steht jedem Bürger in diesem Land ein adäquates Rettungsmittel zur Verfügung. Wer kommt, entscheidet die Leitstelle, wohin ein Patient dann verbracht wird, entscheidet der Notarzt. Wenn man nachts um 3 Uhr in den sechsten Stock eines Hauses wegen akuter Schmerzen gerufen wird, mit allem Equipment losmarschiert und dann eine betrunkene Horde Jugendliche beim Flaschendrehen findet, einer gibt Rückenschmerzen seit drei Wochen an, da ist es dann mit der Freundlichkeit schon mal sehr schnell vorbei.

Ich habe zwei Bücher von Notarzt-Kollegen gelesen und kenne natürlich die Meinung von vielen Profis aus Rettungsdienst, Feuerwehr, Polizei und anderen Rettungsdiensten; Emotionen haben am Ereignis- beziehungsweise Einsatzort nichts zu suchen. Diese Auffassung teile ich nur bedingt, selbstverständlich haben professionelles Abarbeiten von Geschehen bei Klein-und Großschadensereignissen absolute Priorität, aber wir haben es tagtäglich auch mit den „kleineren menschlichen Tragödien und Katastrophen“ für die Betroffenen zu tun. Und hier gilt es schon, den Arzt auch in seiner Funktion als humanitäre, eidverpflichtete Erscheinung in den Vordergrund zu stellen. Nicht nur Therapie, auch Zuhören, Verstehen, Beraten, Trost spenden, Fragenden Hilfen aufzuzeigen oder gar beim Loslassenkönnen beizustehen. Deshalb habe ich viele der angeführten Fall-Beispiele bewusst ausgewählt und versucht, dem in meinen Einsätzen Rechnung zu tragen.

Ein guter Moment, einer Zielgruppe zu danken – egal ob Notfallseelsorger, KIT oder wie auch immer genannt, sie kommen und sind da, wenn sie gebraucht werden, sie entlasten uns in vielen Situationen und werden viel zu wenig gewürdigt – Danke an euch alle.

Die Funktion eines LNA ist vielschichtig. Man wird auf Empfehlung des Ärztlichen Leiters Rettungsdienst durch den Landkreis in diese Ermächtigung „bestellt“, wie es im Amtsdeutsch heißt. Eine gesonderte Qualifikation ist für diese Befähigung zu absolvieren. Optimal sind hauptamtlich tätige Notärzte, in Deutschland eher die Seltenheit. Neben operativ-taktischen Fähigkeiten ist es notwendig, sich mit vielen infrage kommenden Einsatzgebieten des Territoriums, in denen wir unterwegs sind, auszukennen. Zum Beispiel Tanklager, Autobahnabschnitte, Chemiewerke, Ziele für eventuelle Terroranschläge oder Geiselnahmen, Gewässer, Nationalparks und Wälder und vieles mehr. Ebenso wichtig sind Kenntnisse über die im Umfeld tätigen Kollegen, die vielleicht Kliniker oder in der Niederlassung tätig sind und nur selten Notarztdienste absolvieren. Auf welche Ressourcen kann man im Großschadensfall zurückgreifen, was kann man an Personal und Technik jederzeit anfordern? Und ganz wichtig, für manche Leser vielleicht unverständlich, im Ernstfall hat man sich als LNA nicht um einzelne Patienten zu kümmern, sondern in Zusammenarbeit mit Einsatzleitern von Feuerwehr, Polizei, THW oder anderen Behörden zu agieren und zu koordinieren. Die Abarbeitung von solchen Großschadensereignissen steht dann im Fokus des LNA. Manche dieser selbst erlebten Einsätze habe ich versucht, in diesem Buch darzustellen.

LUFTRETTUNG – NICHT IMMER IST MAN SCHNELLER

Wirklich selten bisher, frage ich nach, ob es okay sei, K. als HCEM hinten zu haben, der Patient ist mehr als instabil, Katecholamine laufen recht hoch, er gefällt mir nicht wirklich. Eine Verlegung ins Deutsche Herzzentrum Berlin (DHZB) mit der Option der Implantation eines Assist-Systems (eigentlich Kunstherz) steht dem Patienten bevor, also, Eile ist geboten. Ich hatte doch nicht ganz unrecht, das Wetter wird zunehmend schlechter, der Nebel dichter. Kurzum, schon nach kurzer Zeit landen wir auf einer morastigen Wiese zwischen, K. geht nach vorn, um mitzunavigieren, aber schon nach wenigen Minuten meint der Pilot M., das wird hier nichts, schon gar nicht nach B. Bereits in der Luft kommunizieren K. und ich entsprechende Optionen (Plan B oder sogar C), eine Herausforderung. Definitiv werden wir den Helikopter in K. stehen lassen müssen und nicht nur heute. Kurz darauf steht fest, wir gehen auf dem Flugplatz K. runter und kontaktieren die Leitstelle. Ein RTW und NEF werden uns zugesagt, die dann den bodengebundenen Transport vornehmen sollen. So einfach wird es aber nicht, der Notarzt hat später ITS-Dienst, das Wetter wird ja nicht besser. Also übernehmen wir diesen Transport, ich kläre den Patienten über alles auf, wir lagern ihn um in den RTW und los geht's. Die Übergabe des halbwegs stabilen Patienten erfolgt auf der H3 im DHZB, die Kollegen legen sofort einen PAK (Pulmonalarterien-Katheter). Ich komme dazu, den Schwestern auf der TX- (Transplantations) Ambulanz ein paar Pralinen zu bringen, schwatze kurz mit der Oberärztin, die mir nochmals versichert, wenn an den Feiertagen bei mir selbst ein Problem auftreten sollte, seien sie immer für mich da – das beruhigt. Nun geht es zurück, natürlich ohne Sonderrechte, entsprechend lange ist die Fahrt, und als wir in K. ankommen, hat M. schon den Leihwagen angewärmt und wir fahren nach P. zurück (18:30 Uhr).

MOTORRADUNFÄLLE

Fall 1: 1. Mai, ich bin gespannt, was uns heute wohl erwarten wird. Nach dem Frühstück kann ich mich noch etwas hinlegen. Dann kommt ein Einsatz zu einer älteren Dame, die plötzlich kollabiert und kurzzeitig bewusstlos war, nach entsprechender Stabilisierung kann sie ohne Notarzt ins Krankenhaus verbracht werden. Es war für uns der 300. Einsatz von Christoph 39 Perleberg in diesem Jahr!

Mittags kommt die Truppe einer regionalen Feuerwehr zu Besuch, um sich bei uns alles anzusehen, manches ist durch M.s Vortrag auch für mich interessant, technische Daten, die mir nicht so geläufig sind, bis zum Anschaffungspreis der Maschine von rund 3,5 Millionen Euro. Aus dieser Veranstaltung werden wir aber jäh durch den Pieper zum Abbruch gezwungen, Motorradunfall in der Nähe von N. G. Schon im Anflug auf den Einsatzort sehe ich zwei Motorräder und einen beteiligten Pkw, auch die weißen Umrisse eines Abdecktuches auf der Straße lassen nichts Gutes ahnen. Wir müssen etwa einen Kilometer von der Unfallstelle entfernt landen und T. (HCEM) und ich machen uns auf den

Weg, clevererweise hält ein Pkw-Fahrer und bietet an, uns zur Unfallstelle zu fahren, was wir in Anbetracht des mitgeführten Equipments (der Trauma-Rucksack hat immerhin ein Gewicht von 19 Kilogramm!) und Temperaturen von 25 °Celsius gern annehmen. Ein schlimmes Bild stellt sich dar. Ein toter Biker liegt mitten auf der Straße, ich schaue nur kurz unter die Decke und registriere den Tod, zwei verletzte Biker sind in einem RTW und der Pkw-Fahrer in einem weiteren RTW. Als der ersteintreffende Notarzt lege ich weitere Strategien fest, die dann eintreffende Notärztin weise ich an, sich um die Belange des Verstorbenen zu kümmern, ebenso um eine Augenzeugin, die doch schockgefährdet ist, und ich arbeite selbst systematisch die drei anderen leichter Verletzten ab. Nun ergibt sich ein Problem, vor dem ich im Rettungsdienst immer Angst habe, weil es zu weitreichenden Konsequenzen führen kann. Die „Heilige Kuh", unsere BTMs, sind plötzlich weg. Eine kleine, stabile Verpackung, in der Ampullen mit hochpotenten Schmerzmitteln sind, die dem Betäubungsmittelgesetz unterstehen, sind unauffindbar. Erst einmal egal, wir müssen uns um die Patienten kümmern, nach Regelung der organisatorischen Dinge ist dies aber jetzt unser Hauptproblem. Mir fällt nur eines ein, es könnte in dem Pkw abhandengekommen sein, mit dem wir zur Unfallstelle fuhren, Polizei wird eingeschaltet, die ja eh vor Ort ist, selbst der ja bei solchen Ereignissen schnell reagierenden Presse ringen wir ab, die gemachten Bilder zu zeigen, ob vielleicht das Nummernschild unseres Zubringers zu identifizieren ist, aber nein. Wir achten natürlich auch nicht auf so etwas, wenn wir schnellstmöglich zum Unfallort wollen.

Zurück auf der Station setzen wir die Chefin davon in Kenntnis und es wird nun alles akribisch dokumentiert. Zum Glück erhalten wir aus der Notaufnahme des Klinikums S. eine Stunde später die Information, dass der Fahrer des Pkws unser Ampullarium im eigenen Auto gefunden und sofort abgegeben hat. Offensichtlich ist bei aller Schnelligkeit des Einsteigens der Karabinerhaken bei meinem HCEM gerissen, an dem dieses Päckchen befestigt war. Danke schön! Leider ist es in S. versäumt worden, sich Name oder Anschrift des ehrlichen Finders zu notieren, so versuchen wir wenigstens, ihn über das Radio ausfindig zu machen, zu danken und ihn gern mal nach P. einzuladen.

Dennoch, die Zusammenarbeit mit der Kollegin aus P. hat sehr gut geklappt, richtiges Teamwork ohne Kompetenzgerangel, auch dafür bedanke ich mich in aller Form.

Kaum wieder zurück auf der Station schrillt wieder der Pieper, wieder VKU. Ein Fahrradfahrer hat offensichtlich den Feiertag der Arbeit mit einem Tag der Kampftrinker verwechselt und seinen Drahtesel gegen ein Schild gefahren. Nun, der Klügere gibt nach, in diesem Falle ein Verkehrsschild, gegen das er geprallt ist, wobei er sich mindestens das Schlüsselbein gebrochen hat. Er kann aber per RTW nach P. ins Krankenhaus verbracht werden.

Wir fliegen abends zurück, da ist der Grill schon vorbereitet und wir sitzen mit Kollegen, Familienangehörigen und dem Piloten für morgen beim Essen. Vielleicht ein wenig paradox, nach solchen Ereignissen beim Grillen zusammenzusitzen, aber: Unser Leben und Job gehen weiter, wir müssen auch abschalten oder in Gemeinschaft über solche Erlebnisse und Einsätze reden, die nicht spurlos an uns vorübergehen, obwohl es manchmal den Eindruck erwecken könnte; es hilft aber ungemein und lenkt ab.

Schlimmer ist für mich dann die Situation der Heimfahrt auf der Autobahn, allein, nachdenkend, was passiert ist. Da lag wieder so ein junges, plötzlich ausgelöschtes Leben auf der Straße, völlig schuldlos. Ich mag mir die Szenarien, die jetzt in der Familie oder bei Freunden des Unfallopfers stattfinden, gar nicht vorstellen. Ich bin nur froh, wenn ich endlich zu Hause bin – und trotzdem mache ich weiter und freue mich, zum nächsten Unfall fahren oder fliegen zu müssen, weil es mein Job ist und ich den ein wenig kann.

Zwei Tage später, ich habe frei, erfahre ich von einem tragischen Unfall bei L., ein Kleinbus ist nach Reifen-Platzer ins Schlingern gekommen, hat sich mehrfach überschlagen und alle neun Insassen wurden aus diesem Fahrzeug geschleudert. Wieder ein Horror-Szenario, wie ich später von meinen Kollegen erfahre, insgesamt sechs Rettungshubschrauber waren an der Einsatzstelle eingetroffen und hatten alle Hände voll zu tun.

Bild 38: Motorrad-Pkw-Unfall (Quelle: privat)

Bild 39: Motorradunfall, Überreste der Maschine (Quelle: privat)

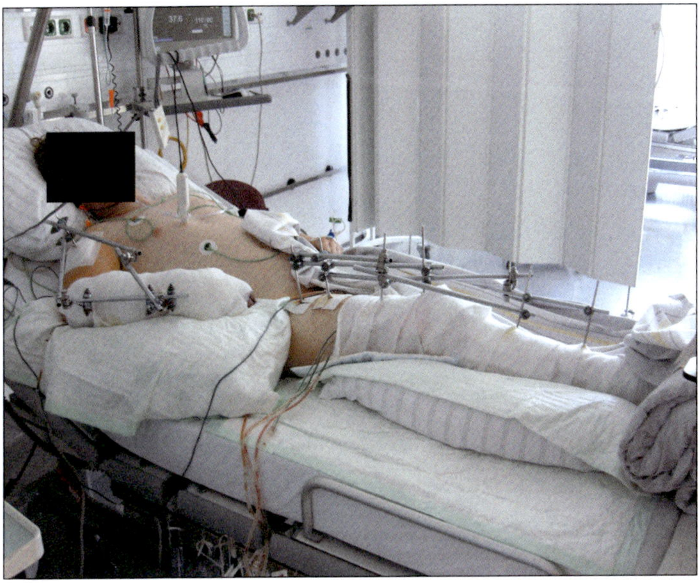

Bild 40: Motorradunfall, Patient (Quelle: privat)

Immer öfter werde ich damit konfrontiert, wie Menschen und auch ich selbst mit diesem Gesundheitssystem nicht mehr klarkommen, Wartezeiten ohne Ende, keine Zuwendung zum Patienten mit seinen Problemen und die zunehmende Entwicklung der Zwei-Klassen-Medizin. In einer Talkshow sah ich neulich „höchste" Vertreter von Krankenkassen und Politik, die diesen Zustand total ignorieren, noch schlimmer, ihn nicht mal als solchen wahrnehmen wollen.

Fall 2: Zum Glück nicht ganz so heiß wie in den letzten Tagen gehen wir in den Sonntag und es geht auch bald los. In B. W. erwartet uns die Sonntagsmorgenleiche, ein kräftiger Mann, auf dem Bauch liegend, aber wir können nichts mehr für ihn tun, Leichenstarre und Totenflecke sind deutlich ausgeprägt und ich verrichte die notwendigen Dinge. Todesfeststellung, Polizei und KV-Arzt zur Leichenschau bestellt und der Versuch, die Ehefrau mit tröstenden Worten zu begleiten. Sie hat ihn heute Morgen tot aufgefunden und macht sich Vorwürfe, weil sie ihn gestern im Streit vor ihrem Nachtdienst in einem Pflegeheim verlassen hat. Es ist immer wieder das Gleiche, wir müssen lange auf die Polizei warten, es werden immer mehr Polizeidienststellen wegrationalisiert, weil kein Geld da ist, und jeder Verbrecher und Banden können ihr Unwesen treiben, weil sie wissen, es ist keine Polizei in der Nähe. Ausgebuffte Banden, vor allem aus den südosteuropäischen Ländern, wissen das natürlich, sie fingieren irgendwelche Notsituationen, wo die Polizei dann hinmuss, können dann in Ruhe irgendwo anders ihren Coup landen. So eben auch die „Glatzen" aus der gerade in diesem Gebiet herrschenden rechten Szene.

Wir schicken in die ganze Welt Militärtruppen, Soldaten und teuerste Technik, die Milliarden von Geldern verschlingen, aber sind nicht in der Lage, vor der eigenen Haustür für Ordnung zu sorgen. Eine verrückte Welt.

Die nächsten beiden Einsätze sind Routinesache, auch wenn ich diese Bezeichnung eigentlich nicht mag, weil: Patient ist Patient und wir bekommen einen Auftrag, den wir zu erfüllen haben. Bevor wir zum nächsten Einsatz gerufen werden, können wir eine Pause machen, der Hubschrauber wird gewaschen und während ich auch meinem Auto eine gewisse Reinigungsaktion zukommen lassen möchte, wird der nächste VKU gemeldet. Auch wieder ohne Fremdeinwirkung hat eine junge Frau ihren nagelneuen Golf an eine Hauswand gesetzt, Totalschaden, der Name Wind passt zu ihr, sie ist voll durch den Wind und kann sich an nichts erinnern. „Retrograde Amnesie" nennt man das und bei der klinischen Untersuchung im RTW stelle ich einen ausgeprägten Zungenbiss fest, der auf ein offensichtlich nicht bekanntes Krampfleiden hindeutet. Sie weiß jedenfalls von gar nichts und man kann nur froh sein, dass sie nicht Passanten auf dem Gehweg oder Radfahrer noch mitgenommen hat. Wir versorgen sie und der RTW verbringt sie ins nahegelegene Krankenhaus.

Am frühen Nachmittag können wir das Motorradrennen auf dem Sachsenring bei Zwickau im Fernsehen verfolgen, unsere Kollegen sichern dieses „Event" mit einem vom ADAC zur Bereitstellung gestellten RTH ab, wir stehen in Kontakt. Im Fernsehen erscheinen die dort geschehenen Unfälle zwar spektakulär, aber es passieren keine wirklichen großen Verletzungen, die ihren Einsatz notwendig machen.

Anders bei uns, am frühen Abend werden wir zu einem Motorradunfall in die Nähe von P. gerufen und düsen mit einem Blitzstart los. Mir schwant bei dieser Einsatznummer 8888 bereits nichts Gutes, schon im Anflug werden wir in Kenntnis gesetzt, Laienreanimation läuft und mein durchschwitztes T-Shirt muss wieder Körperflüssigkeiten aufnehmen, noch bevor wir eintreffen. Bei diesen Temperaturen ist das Arbeiten in Gummihandschuhen oft eine Qual, sie stehen voller Wasser, vor, während und nach einem Einsatz. Wir landen, eilen zu einer Kreuzung und ich erfasse mit einem Blick das Dilemma. Noch im Anrennen erfahre ich, 25 Minuten Laienreanimation, die Notärztin via NEF ist kurz vor uns eingetroffen, der Patient ist intubiert, ich horche ihn ab, der Tubus liegt richtig. Als ich ihn unmittelbar vor Augen habe, sehe ich die bereits weiten und entrundeten Pupillen und weiß, worauf es hinausläuft. Wir machen gemeinsam unseren Job, vor einem Publikum von Schaulustigen, die junge Notärztin gibt mir alle notwendigen Informationen. Schweißtriefend drücken wir auf dem Thorax rum, auch mit mehrfachen Adrenalingaben kommt kein Kreislauf mehr zustande, ich lasse mehrere EKG-Streifen laufen – Nulllinien. Okay, unter Reanimationsbedingungen in den RTW und da machen wir weiter, aber es muss irgendwann eine Entscheidung gefällt werden. Der Kopf lässt sich nicht fixieren, man kann ihn wie einen Ball um seine eigene Achse rotieren lassen, die Diagnose einer kompletten HWS-Fraktur (Genickbruch) liegt nahe und ich verständige mich mit der Kollegin, die Reanimation nach einer Stunde abzubrechen. Nulllinie. Jetzt kann ich mich dem Unfallhergang widmen und erfahre Zusätzliches. Der Junge ist 18 Jahre alt, hat keinen Führerschein, ist offensichtlich für übertriebenes Fahrverhalten bekannt und wurde des Öfteren gemahnt. Er wollte an einer Kreuzung eine Verkehrsinsel umgehen und abkürzen, es kam zum Sturz, die Cross-Maschine rutschte weiter, er schleuderte gegen ein Verkehrsschild – das war's.

Irgendwo in der näheren Umgebung hört man die ganze Zeit das Schreien der Freundin des Jungen, sie weiß noch nicht, dass sie ihren jungen Freund für immer verloren hat. Die Eltern wissen noch gar nichts. Auch wenn es brutal klingt, das ist jetzt zum Glück nicht mehr mein Job. Die Kollegin aus P. und ich schreiben jeder für sich seine Einsatzprotokolle und tauschen die Durchschläge dann aus. Sie übernimmt das weitere Prozedere mit Polizei und Dokumentation in gegenseitiger Absprache und wir verlassen etwas still die Unfallstelle mit unserem Hubschrauber. Jeder hat seine Gedanken und das ist auch gut so. Wieder einmal diese Überlegungen, hätte man mehr tun können? In diesem Falle wohl nicht und der bittere Gedanke kommt auf, zum Glück, bei aller Tragik in solchen Fällen, es hat „nur“ den Schuldigen getroffen, andere Unbeteiligte nicht.

Irgendwann, als wir wieder in P. sind, sehne ich den Feierabend herbei. Als wir uns dann abmelden, will ich einfach nur nach Hause. Fazit vom Wochenende, drei VKU – zwei Tote, vier Schwerverletzte, das reicht wohl. Aber es ist mein selbst gewählter Job. Auf der Heimfahrt denke ich über die Einsätze nach, atme die abendliche frische Luft ein, und zu Hause angekommen schreibe ich alles nieder. Es hilft mir sehr in der Verarbeitung.

Auch heute hatten wir wieder jede Menge Zuschauer, besonders bei dem letzten Einsatz; reichen den Menschen denn nicht die vielen Opfer und Toten in den sinnlosen Fernsehsendungen? Nein, offensichtlich nicht, sonst würden sie nicht am Gartenzaun und auf der Straße stehen und gaffen. Aber zum Glück gibt es sonst auch andere Zuschauer, die Knirpse, und da ist es völlig egal, ob Mädchen oder Jungen, alle gucken gespannt auf diesen großen gelben Vogel und die Leute, die damit daherkommen. Und es gibt natürlich auch immer Erwachsene, die nicht nur neugierig, sondern auch wirklich wissbegierig sind. Ich finde es immer schön, wenn der Assistent und ich vom Einsatzort zur Maschine zurückkehren und der Pilot seine kleine Unterrichtsstunde für Neugierige gibt. Meistens haben wir auch Aufkleber oder Luftballons in der Maschine parat, die schnell in den Händen und Taschen der Kinder mit großen Augen verschwinden. Ich werde oft von Kollegen oder Assistenten gefragt, warum meine Jacke so unendlich schwer ist, ganz einfach, neben den für die Einsätze notwendigen Dingen (kein Standard, aber hat sich bewährt) habe ich auch immer was für Kinder dabei.

Öffentlichkeitsarbeit ist eine ganz wichtige Geschichte, egal ob bei Groß oder Klein, wir haben ja in der Luftrettung nicht nur Befürworter, sondern auch absolute Gegner, die Bürgerinitiativen gründen und versuchen, vor Gericht gegen Luftrettungsstationen zu klagen, weil sie sich gestört fühlen in ihrer Ruhe und Individualität. Das ist nicht zu unterschätzen. Und was über die Medien rüberkommt, in diesen Serien, oft von Amerika abgekupfert, ist natürlich völlig „aus der Luft gegriffen". Wir sind nicht die fliegenden Helden, die immer fit sind, mit jeder Situation klarkommen und sie meistern. Wir haben einen Auftrag zu erfüllen und nicht selten ist mir, und den anderen Kollegen sicher auch, nicht ganz wohl, wenn wir zu Einsätzen fliegen, von denen wir im vorab über die Leitstelle erfahren, was uns möglicherweise erwarten wird. Genauso wie die Kollegen von der Bodenrettung, und das wollen wir mehr als gut machen. Und nicht selten gibt es, ich weiß es aus eigener Erfahrung, Situationen, wo man als Notarzt gern eine zweite, vielleicht auch andere Meinung hören möchte und selbst in seiner Entscheidungsfindung Hilfe benötigt.

Eine andere Art von Öffentlichkeitsarbeit ist die Sache mit Publikationen. Ich hatte ja in der Rettungsdienstzeitschrift die Kasuistik des Kindernotfalls durch Beinahe-Ertrinken publiziert, nach mehreren Anläufen wird nun jetzt wohl auch endlich dieser Fall in nochmals überarbeiteter Version in der Zeitschrift „Der Notarzt" erscheinen. Etwas Stolz meinerseits ist natürlich dabei, aber auch die Außenwirksamkeit unserer noch so jungen Luftrettungsstation darzustellen, um ihre Wichtigkeit, gerade in dieser Region, hervorzuheben, ist wichtig. Und ich kann es nur wiederholen, ich bin stolz, dort mit diesen Menschen zusammenarbeiten zu dürfen. Jeder beneidet uns um diese Station, modern, es fehlt an nichts und wenn was fehlt, planen wir in regelmäßig stattfindenden Teamsitzungen, wie es beschafft wird. Ich habe einen stabilen, robusten Gartentisch für die kleine Terrasse gestiftet, kaum war er da, wurde er von den Kollegen bearbeitet, und nun dient der einen oder anderen gemeinsamen Runde bei Speis und Trank.

Noch eine erfreuliche Nachricht habe ich vor Kurzem bekommen, es fehlt an einem HCEM, die vier Jungs, die sich den Dienst teilen, reichen einfach nicht aus, deshalb wurde die Stelle ausgeschrieben. Und mein vorgeschlagener Kandidat hat nun offensichtlich das Rennen gemacht. Der beste und qualifizierteste Rettungsassistent aus meiner Bodenrettungs-Truppe aus W. wird wohl das fünfte Crewmitglied. Ich bin mir dieser „Bürgschaft“ vor K. wohl bewusst und hoffe, dieses Vertrauen auch rechtfertigen zu können. Und wir werden gemeinsam interessante Einsätze haben.

Aber mit dem Traum, auch selbst in der Luftrettung tätig sein zu dürfen, habe ich mir einen eigenen Wunsch erfüllt und ein berufliches Ziel erreicht! Jede angebotene Ober- oder Chefarztstelle möchte ich dagegen nicht(!) eintauschen. Wie überhaupt die Tätigkeit im Rettungsdienst und in der Notfallmedizin. Jeder Einsatz ist anders und es gibt jedes Mal neue Situationen, die man nicht kennt, „es gibt nichts, was es nicht gibt“ und das vermittelt immer wieder Spannung und Herausforderung. Nur sollte man dabei immer nicht nur Arzt, sondern auch Mensch bleiben.

Es macht mir viel Spaß, diese Aufzeichnungen zu machen, und vielleicht wird ja mal mehr daraus?

Fazit des Tages: Zehn Stunden Dienst mit fünf Einsätzen, nicht schlecht, wenn man die Flugzeiten bedenkt. Auch wenn es jetzt mal keine spektakulären Einsätze waren. Ich bin überzeugt, wir werden in diesem Jahr die Einsatzzahl von 1.000 erreichen, jetzt sind wir bei knapp 900 im Oktober.

Die Errichtung eines weiteren Luftrettungsstützpunktes im Nordosten Brandenburgs, in der Uckermark, taucht immer wieder in den Medien auf, dazu sind aber wohl weitere Gutachten in Arbeit und wir wissen ja alle, wie bürokratisch-deutsche Mühlen arbeiten. Eigentlich sollte unser Standort Perleberg der letzte in Deutschland sein, aber dazu hat es auch gute zehn Jahre gebraucht!

MANV (MASSENANFALL VON VERLETZTEN)

Jeder von uns, also jeder dafür ausgebildete und vom Landkreis bestellte Leitende Notarzt, hat bei einer Alarmierung MANV besondere fachliche, logistische und emotionale Regeln zu beachten. Das Stichwort allein löst natürlich einen enormen Adrenalinschub aus, der uns zu verstehen gibt, hier und jetzt bist du gefordert. Es gelten einfach andere Spielregeln als im alltäglichen Notarzt-Einsatz jedweder Art. Bedingung für solche Einsätze sind natürlich die entsprechenden technischen Voraussetzungen, nämlich die Alarmierung durch die Pieper=FME. Wenn es bereits da hapert, ist es nicht gerade Qualitätsansprüchen und Normen der heutigen Zeit entsprechend, nur weil einige Herren oder Damen Beamte in ihren Amtsstuben nicht willens sind, dafür notwendige Gelder zur Verfügung zu stellen. Also wird der billigste „Schrott" eingekauft, ohne an die tägliche Arbeit mit Frustrationen der Rettungsdienstmitarbeiter zu denken. Bei entsprechenden Interviews in Zeitungen wird alles als komplikationslos beschrieben, man krönt sich am besten selbst immer wieder mit dem Geleisteten – nur wir wissen es eben besser –, so funktioniert kein anspruchsvoller Rettungsdienst, egal wo in diesem Land.

Ich berichte von meinem Tätigkeitsfeld an der Mecklenburger Seenplatte. Und genau in solch einem in seinen nicht absehbaren Konsequenzen stattgehabten LNA-Einsatz befinden wir uns jetzt. Als Leitender Notarzt werde ich über einen Brand in einem circa 30 Kilometer entfernten Pflegeheim telefonisch informiert. FME löst nicht aus, ich solle mal dort hinfahren, nähere Informationen gibt es noch nicht, ein Notarzt aus der nächstgelegenen Rettungswache und RTW sind bereits alarmiert. Bereits auf der Anfahrt gehen mir viele Dinge durch den Kopf, es ist abends, dunkel, wenigstens nicht kalt, es ist Anfang August. Klima, Windverhältnisse, Möglichkeiten der Einrichtung von Sichtungs- und Behandlungsplatz gehen mir durch den Kopf. Wer steht gegebenenfalls, sollten unsere eigenen Rettungsmittel nicht ausreichen, aus anderen Landkreisen zur Verfügung? Es ist Wochenende, auch von den eigenen nicht im Dienst befindlichen Ehrenamtlern oder weiteren Kräften sind bestimmt nicht alle verfügbar. Nicht vergessen, bei Eintreffen am Ereignisort Ruhe bewahren und diese auch auf alle mir unterstehenden medizinischen Einsatzkräfte ausstrahlen. Lagemeldung an die Integrierte Großraum-Leitstelle (IGRLST) geben, wen, was brauche ich? Kontakt zu Einsatzleitung Feuerwehr und Polizei herstellen, wo richten wir Lagezentrum ein? Der lange Weg gibt mir etwas Zeit zum Nachdenken, wer hat Orgl.-Dienst, wo sind LNA-Weste und Helm? In solchen Situationen als entsprechender medizinischer Leiter erkannt zu werden, ist enorm wichtig, es hat nichts mit Angeberei zu tun, jeder Einsatzbeteiligte muss wissen, den kann ich fragen bei Problemen.

Ich richte mich schon jetzt auf eine lange Nacht ein. Nicht ganz unwesentlich bei solchen Einsätzen ist, wer dir unmittelbar zur Seite steht, nach 14 Jahren hauptamtlicher Notarzt-Tätigkeit in einer Region weiß ich doch gut, auf wen ich mich am besten verlassen kann, und solch ein Glück hatte ich bei diesem Einsatz. Kompromisslose Einsatzbereitschaft, Zuverlässigkeit, Mitdenken, auch gegebenenfalls Nachfragen sind die Eigenschaften, die ich jetzt brauche.

Bei meinem Eintreffen übergibt mir der ersteingetroffene Notarzt diesen Einsatz und ich erfahre alle wichtigen Informationen. Ich gebe eine Lagemeldung an die Leitstelle, fordere weitere RTWs an, außerdem den Sanitäts-Betreuungs-Zug aus W. und N. zum Aufbau von Zelten mit Beleuchtung und Versorgungsmöglichkeiten für die alten, immobilen Menschen. Die Feuerwehr ist dabei, alle Insassen des betreuten Wohnens zu retten, leider versagt die Drehleiter ihren Dienst, die Kameraden gehen über Steigleitern unter Vollschutz in das Gebäude, bis nachweislich alle Bewohner evakuiert und dann von uns registriert sind. Bis dato vermisste Personen finden sich zum Glück wieder an, inzwischen sind durch die Heimleitung Angehörige informiert worden, die einige der älteren Bewohner abholen und mit nach Hause nehmen, einige werden von mir als krankenhauspflichtig eingestuft und mit leichteren Rauchgasvergiftungen in umliegende Krankenhäuser verbracht. Alles geht sehr geordnet zu, die später eingetroffenen Sanitätsdienste brauchen nicht aktiv zu werden, aber ich danke ihnen für ihr schnelles Kommen am Samstagabend. Nachdem die Feuerwehr den Brand gelöscht und das Gebäude frei gegeben hat (keine Brandwache nötig), wird es für uns auch entspannter, die Heimleitung kann alle verbliebenen Rentner im sich anschließenden Pflegeheim unterbringen, das erspart uns viele KH-Einweisungen. Ich melde an die RLST, dass keine weiteren Kräfte notwendig sind, gebe den aktuellen Stand durch und treffe mich mit Einsatzleiter Feuerwehr und Polizei zu einer von mir gewünschten Abschlussbesprechung. Dank und Fehleranalyse gehören zu solchen Einsätzen dazu, wann auch immer. Nach Telefonat mit Ärztlicher Leiter Rettungsdienst (ÄLRD) melde ich mich aus dem LNA-Einsatz ab und wir kehren zur RW zurück, die Pause währt nicht lange, der nächste, jetzt völlig unsinnige Einsatz folgt, drei weitere noch in dieser Nacht. Da ist man schon mal müde.

Eine Anmerkung vielleicht noch. Kurz vor meinem Urlaub hat sich ein schweres Busunglück in Brandenburg auf der Autobahn nahe Schönefeld ereignet. Ein polnischer Reisebus ist mit einem auf die Autobahn auffahrenden Pkw kollidiert, der Fahrer des Reisebusses hat daraufhin die Kontrolle über das Fahrzeug verloren und ist gegen einen Brückenpfeiler geprallt. Ein dramatisches Ereignis mit vielen Toten und Schwerstverletzten, das sich keiner in unserem Job wünscht, schon gar nicht in der Funktion des ersteintreffenden Notarztes oder des Leitenden Notarztes.

Dennoch, ich wusste, dass meine Kollegen vom Christoph 39 auch zu diesem Horrorszenario mussten und habe an sie gedacht. Aus meinem Umfeld bin ich natürlich gefragt worden, ob ich selbst dort war, und meine Reaktion darauf war für die meisten unverständlich, wie ich aus deren Reaktionen wiederum schlussfolgern konnte. Meine Reaktion war: „Schade, dass ich nicht da war." Aber ich sehe es natürlich aus einer anderen Sicht. Es ist eine Herausforderung, die sich eben in unserem Job darstellt, für die wir da sind, die wir freiwillig machen und die sich zum Glück nicht täglich ereignet. Und in der Funktion eines Notarztes, der mit dem Hubschrauber zu einem solchen Einsatzort (hier waren allein sechs Rettungshubschrauber vor Ort!) kommt, wird ihm ein Patient zugewiesen, um den man sich mit aller Konsequenz zu kümmern hat. Alles andere geht ihn nichts an. Wie gesagt, eine große Herausforderung, aus der man nur immer wieder lernen kann, auch wenn es nicht optimal läuft. In den entsprechenden Fortbildungen werden ja immer wieder die Szenarien von Eschede, London, Madrid, Enschede oder des 11. September in New York mit dem Terroranschlag auf das World Trade Center besprochen und als Beispiele herangezogen. Das ist auch okay so, nur ein Großschadensereignis im unmittelbaren Umfeld des eigenen Tuns stellt immer eine andere Situation dar. MANV, egal in welchem Ausmaß, hat an jedem Ort seine eigenen Regeln und eigene Maßnahmen sind zu berücksichtigen. Und das ist ungemein schwer und wird nie fehlerlos ablaufen, gerade weil es eben ein untrainiertes, den jeweiligen Bedingungen entsprechendes Ereignis ist. Deshalb ist in jeder dieser Situationen das Wichtigste: Teamarbeit, nur die kann dazu führen, dass man gute Arbeit leistet, seinen Auftrag erfüllt und damit seinen Beitrag leistet, vielleicht etwas von dem großen Leid eines solchen Ereignisses zu lindern.

Bild 41: MANV, Anflug RTHs (Quelle: M. Lindner)

Bild 42: MANV, RTH stehen einsatzbereit (Quelle: M. Lindner)

Und schon steigen die Temperaturen bei Erscheinen der Sonne ins Unermessliche, zum Glück hatte ich gleich früh ein paar Flaschen Wasser zusätzlich an Bord genommen. Das übliche sonntägliche Hubschrauberwaschen verschieben wir auf die Abendstunden. Ich hatte mich etwas hingelegt, da geht wieder der Pieper, ein Patient mit einer Herzrhythmusstörung, dement, ich begleite ihn im RTW nach W., wo er bereits bekannt ist. Inzwischen ist es eine Gluthitze draußen und es kommt noch in der Luft die Alarmierung zu schwerem Verkehrsunfall. MANV=Massenanfall von Verletzten wird über Funk mitgeteilt. Mehrere Pkws und ein Bus seien in einen Unfall verwickelt, eine eingeklemmte Person, bis zu 30 Personen verletzt und das bei dem Wetter. Auf einer Straße bei M./D. landen wir, ein NEF und zwei RTW seien bereits vor Ort, weitere RTHs seien nicht angefordert. Wir landen unweit der Unfallstelle, ein mich in Empfang nehmender junger Feuerwehrmann gibt auf mein Anfragen an, der Eingeklemmte sei außerhalb des Fahrzeugs und ihm sei der linke Arm abgerissen. Vor Ort sieht die Situation etwas anders aus, der Patient liegt bereits auf der Trage, ist erstversorgt, aber meiner Meinung nach nicht ausreichend, das meine ich ohne Vorwurf. Er hat mit seinem Mercedes versucht, einen Pkw mit Wohnwagen zu überholen, beim Schauen, ob die Überholmöglichkeit besteht, kam von vorn der Reisebus und sie haben sich touchiert. Der Pkw hat sich offenbar gedreht und liegt mit Totalschaden im Graben, der Bus ist ebenfalls im Graben gelandet, den Insassen und dem Fahrer scheint nicht allzu viel passiert zu sein. Sie sitzen in der Nähe in einer RTW-Garage und sind mehr oder weniger wohlauf, der Notarzt kümmert sich um sie. Nachdem ich mir von der Unfallkonstellation ein Bild gemacht habe, bringen wir den Patienten des Pkw mit dem RTW zum Hubi, außer einem kaputten Oberarm, der offenbar frakturiert ist, kann ich keine weiteren sichtbaren Verletzungen ausmachen. Bevor ich ihn schlafen lege, ist er orientiert und auskunftsfähig. Wir melden uns in S. an und fliegen dann auch los. Die Hitze ist fast unerträglich und mir läuft das Wasser vom Kopf an abwärts. In S. glaubt man offenbar meinen Angaben nicht so richtig, weil nach dem Unfallmechanismus mehr Schaden angerichtet sein müsste. Er wird nach erfolgter Sonografie direkt ins CT gefahren, das ist ja auch okay so. Abends rufe ich die Kollegen in S. an, der Patient hat eine Trümmerfraktur des Ellenbogens, der Kopf, Lunge und die übrigen Extremitäten sind aber heil. Es ist schon erstaunlich, was die Fahrzeuge heute trotz stärkster einwirkender Kräfte bei solchen Crashs aushalten und wie sie Menschen schützen. Schweißüberströmt fliegen wir zurück, der Blick auf das Schloss in S., Theater und Gewässer lassen mich langsam runterkommen. Wie gern würde ich jetzt einfach nur in einen der Seen springen. Auf der Basis angekommen, werden Protokolle erledigt, Pilotin M. macht Nudeln und Pesto und prompt zwei Minuten vor 14 Uhr geht wieder der Pieper, ich hätte wenigstens gern den Start beim Formel-1-Rennen gesehen.

Bild 43: MANV Bus/Pkw (Quelle: privat)

Bild 44: MANV Bus/Pkw (Quelle: privat)

MESSIS

Spiderman – vom Pflegedienst werden wir in ein „betreutes Wohnen“ gerufen, innerhalb von drei Minuten sind wir da. Laut Pflegekräften hätte der Wohnungsinhaber seit längerer Zeit den Zutritt zur Wohnung verwehrt, sei aber orientiert und, was mich am meisten erstaunt, wohl am Vortag noch mit eigenem Pkw beim Hausarzt gewesen, was sich nach Recherchen auch als Tatsache erweist. Das Betreten der Wohnung gestaltet sich schwierig, überall Berge von Müll und Abfall. Der Zugang zur kleinen Küche ist nicht möglich, wie im bösen Märchenfilm ziehen Spinnenfäden sich von der Decke zum Fußboden und zu allen Gegenständen, die irgendwo rumstehen, und in den weiteren Wohnraum. Wie kann man so nur existieren, ohne solche „Netzwerke“ zu zerstören? Der An- oder Einblick lässt einen erschaudern, verschimmelte Nahrungsreste und Geschirr lassen uns einen unausstehlichen Geruch wahrnehmen, nach Inspektion der anderen

Bild 45: Messi-Wohnung (Quelle: privat)

Wohnungshälfte mit dem Versuch, so wenig Kontakt mit allem Umliegenden zu haben, sehe ich den Leichnam eines alten Mannes mit einem Schaumpilz vor dem Mund in einer Art Bett- oder Schlafnische. Nichts für uns, denke ich, also Polizei und Kripo verständigen, Papiere schreiben und schnell weg von hier. Es ist kein Einzelfall, nur einer von vielen, die ich gesehen habe und viele meiner Kollegen im ganzen Land sicher auch …

NATURKATASTROPHEN

Egal, bei welchen Witterungsbedingen, geht der Alarmmelder an, müssen wir los, zu jeder Jahres-, Tages- oder Nachtzeit. Hitze, Kälte, Sturm, Schneetreiben und Eisglätte, Gewitter, Hochwasser oder Silvester-Knallerei.

Fall 1: Es ist kaum zu glauben, monsunartige Regenfälle ergießen sich um die gesamte Müritz und wir konstatieren noch, bloß jetzt bitte keinen Einsatz. Wir haben es noch nicht ausgesprochen, da rasselt der Pieper. Eingeklemmte Person auf Campingplatz – ich ahne nichts Gutes. Der peitschende Regen und der verheerende Sturm lassen uns tatsächlich nur im Schneckentempo vorwärts kommen, zum Glück ist der Einsatzort nicht allzu weit entfernt. Ein Schimmern von Blaulichtern lässt uns das Ziel erahnen, auf einem Campingplatz ist ein ausgewachsener Baum umgestürzt, ein großer Teil des Stammes hat die Vorderfront eines Wohnmobils zertrümmert. Die Besitzer, ein älteres Ehepaar, sind von dem Unwetter überrascht worden, bevor der Regen das „Cockpit" überflutet, wollte der Mann noch einige Papiere retten und wurde durch die Wucht des Baumaufpralls eingeklemmt und kann sich selbst nicht befreien. Die arme Ehefrau, völlig aufgelöst in ihrer Angst um ihren Mann, war zum Glück in diesem Moment des Aufpralls gerade im hinteren Teil des Campers und konnte glücklicherweise den Notruf absetzen (erstaunlich, dass dies zu diesem Zeitpunkt noch möglich war, kurz darauf brachen alle Handy-Netze zusammen). Der Mann in seiner Not schrie um Hilfe, er könne Arme und Beine nicht bewegen, da er im Halsbereich eingeklemmt war, eine „Crash-Rettung“ war daher für uns nicht möglich, erst mussten die Kameraden der Feuerwehr, inzwischen triefend vor Nässe, ihre Arbeit tun. Also gab ich ihm nach Anlage eines venösen Zuganges zunächst eine Schmerz- und Beruhigungsmedikation, ohne ihn zu narkotisieren, um mit ihm stets kommunizieren zu können. Endlich konnten wir ihn aus seiner misslichen Lage befreien, die Ausfallserscheinungen bestanden aber auch weiterhin im Rettungswagen. Man kann in diesem Moment, auch wenn Eile geboten ist, aber nicht einfach losfahren, also wandte ich mich der Ehefrau zu, die krampfhaft meinen Arm festhielt und wissen wollte, was aus ihrem Mann werden würde. Auch wenn man nichts versprechen kann, aber Information, Aufklärung, auch eine Portion Anteilnahme und Wärme gehören zu solch einem Einsatz, so viel Zeit muss sein! Bis zur Ankunft in der Klinik hat es bei diesem Unwetter lange gedauert. Wie ich später erfuhr, sind alle Symptome bei diesem Patienten zurückgegangen und keine neurologischen Ausfälle geblieben, wie schön.

Bild 46: Naturkatastrophe, zertrümmertes Wohnmobil (Quelle: privat)

Fall 2: Nach dem Urlaub ist vor dem Urlaub, heißt es so schön. Noch während des Urlaubes haben uns die schlimmen Nachrichten und Bilder von der Hochwasser-Katastrophe in Deutschland erreicht. Auch die Prignitz ist stark betroffen, in vielen Abschnitten des Landes heißt es nur noch: „Land unter". Selbst die Mitarbeiter der Rettungsdienste beziehungsweise wir von der ADAC-Luftrettung bekommen Passierscheine, die uns berechtigen, in die Region zu fahren, um unsere Arbeit zu machen. Man will unter anderem dem berühmten „Katastrophen-Tourismus" vorbeugen. Nun, der Tag bei Temperaturen über 30 °Celsius beginnt mit einem Einsatz in P. bei einer jungen Frau mit einem Schwangerschafts-Diabetes, seitdem ist sie insulinpflichtig und der Stoffwechsel offenbar durcheinander, der BZ ist viel zu hoch und sie riecht typischerweise nach Aceton. Ein Sohn von ihr muss noch an den Opa übergeben werden, bevor wir sie ins KH bringen können.

Eindrucksvoll die Bilder unter uns auf dem Hin- und Rückflug, so ist H. noch fast vollständig von Wasser umgeben, wir sehen einzelne Gehöfte wie kleine Inseln im Wasser, die ICE-Strecke verläuft zwischen Wiesen und Feldern wie ein Strich und

Bild 47: Hochwasser Prignitz 2015 (Quelle: K. Hefter)

Bild 48: Hochwasser 2015, Hilfe aus der Luft (Quelle: K. Hefter)

Bild 49: Hochwasser 2015, Alles, was geht, hilft (Quelle: K. Hefter)

endet wie im Nirwana plötzlich in den Fluten. Kaum vorzustellen, wie das zum Höhepunkt der Flutkatastrophe vor zwei Wochen ausgesehen haben mag. Wir sind tief beeindruckt, wenngleich sich die Lage um W. und D. schon sehr entspannt hat. Dennoch sitzen viele Bewohner noch immer in Notunterkünften fest und wissen noch nicht, wie sie ihr Zuhause vorfinden werden.

Zum Glück ist am Tag bei der brütenden Hitze nicht allzu viel los, am Nachmittag fliegen wir zu einem Routineeinsatz, aber im Anschluss kommt noch eine Anforderung zu einem Treppensturz jenseits der Elbe. Ich werde wieder unruhiger, als ich erst in der Luft erfahre, dass es sich hier um ein acht Monate altes Kleinkind handelt. Es ist etwa sechs Meter tief eine Treppe mitsamt Laufrad gefallen, hat aber zum Glück nur einige sichtbare Brüschen am Kopf und ist verwundert, wie viele Leute in Rot da plötzlich um es sind. Wir bringen Mutti mit Kind nach N. zur Beobachtung.

NEBEL

Er ist der Feind der Luftrettung, nicht selten konnten wir uns gar nicht einsatzbereit melden, wenn wir nur nach draußen geschaut haben, in anderen Situationen haben wir versucht zu starten und bereits in der Luft mussten wir der RLST melden, es geht nicht, ob schwerer Verkehrsunfall oder Herzinfarkt, Sicherheit geht vor, auch unsere eigene, und so mussten wir leider manchen Einsatz abbrechen. In der Bodenrettung spielt es keine Rolle, bei allen Witterungsbedingungen müssen wir uns zu jedem Patienten durchkämpfen, egal wie lange es dauert. Und wir müssen als Notärzte auch dann wissen, hier hilft uns kein Kollege mehr aus der Luft.

OMNIBUSUNFÄLLE

An einem kalten Herbsttag nehme ich selbst als geladener Beobachter an einem gestellten Busunfall in einer Stadt im Land Brandenburg teil. Ich mache ausreichend Notizen aus der Sicht eines NA und bespreche sie später mit ÄLRD, Polizei- und Feuerwehreinsatzleitung. Für diese konstruktiven Gedanken bekomme ich viel Dank. Aus den Erkenntnissen des schrecklichen Bus-Unfalls am Schönefelder Kreuz (Mai 2012) wurden Konsequenzen gezogen – man konnte daraus lernen.

Bild 50: Omnibus-Unfall-Übung (Quelle: privat)

PRESSE-UMGANG

Ein schwieriges Thema, die Jagd nach Sensationen wird immer größer und nur wer die spektakulärsten Berichte und Fotos bringt, erfüllt die Quoten. In laufenden Krimi-Serien geht es nicht mehr ohne endlose Szenen in pathologischen und rechtsmedizinischen Instituten, bis hin zu nackten Kinderleichen, die dem Zuschauer minutenlang präsentiert werden. Das macht einen guten Kriminalfilm doch nicht wirklich spannender. Die täglichen Berichte aus den Medien weltweit dürften doch eigentlich zur Genüge reichen, um diesbezügliche „Satisfaction" zu bekommen? Wie sieht es in der Realität aus?

Wir befinden uns auf ganz dünnem Eis, wenn wir an falscher Stelle Aussagen oder Angaben machen. Natürlich ist es verlockend, wenn da ein Pressevertreter der Lokalzeitung oder gar eine hübsch aussehende TV-Tante mit beistehendem Kameramann vor uns auftaucht und uns zu verstehen gibt, welchen Anspruch die Menschen draußen auf Informationen haben. Und dann ist man auch noch im Fernsehen. Alles erlebt, ich kann nur jedem raten, keine Auskünfte zu geben, es gibt Pressesprecher der verschiedensten Träger oder Arbeitgeber, an die sollte man die Pressevertreter verweisen, auch wenn man sie kennt.

Natürlich gibt es Grauzonen, die eigentlich juristisch klar definiert sind und dennoch in der Realität anders gehandhabt werden. Wir dürften bei keinem Verkehrsunfall der Polizei irgendetwas über Verletzungsmuster erzählen, kein ärztlicher Kollege in einer Klinik dürfte mir am Telefon Auskunft geben, ob meine Arbeitsdiagnosen draußen richtig waren und was aus dem Patienten geworden ist. Noch schwieriger, kein Rechtsmediziner oder Staatsanwalt dürfte mir Auskünfte geben über Patienten, die ich in der Präklinik behandelt oder deren Tod ich festgestellt habe. Zum Glück ist es manchmal anders, ich bekomme Informationen und das ist gut so. Für mich ist eine Kasuistik nicht abgeschlossen, wenn ich einen Patienten irgendwo abgeliefert habe. Ich möchte wissen, was ist passiert, was hatte er, haben wir richtig anbehandelt und was ist aus ihm geworden? Nicht nur für mich, auch für meine Teams, mit denen ich unterwegs bin, finde ich es essenziell, Informationen weiterzugeben. Sie registrieren es und sind dankbar, glaube ich, wenn sie erfahren, ob wir gut oder schlecht/falsch gearbeitet haben. Da muss es einfach Spielräume geben, die man jedem Angehörigen auch plausibel erklären kann, wenn man bereit ist, die Zeit dafür zu opfern.

PSYCHIATRISCHE NOTFÄLLE

Hier möchte ich keine Einzelbeispiele mehr bringen, es sind schon Kasuistiken an anderer Stelle beschrieben. Fakt aber ist, dass die Einsatzzahlen im Rettungsdienst durch psychiatrische „Notfälle“ immens steigen, völlig egal, ob im ländlichen Bereich oder in den Großstädten. Die Gesellschaft mit ihrer unübersehbaren Tendenz der „Schere zwischen Arm und Reich“ wird noch viele Opfer mit sich bringen, die in eben dieser Gesellschaft nicht mehr zurechtkommen. Wir erleben es fast täglich im Dienst, unfassbare Armut, Elend, Vereinsamung, Ausweglosigkeit, Frust und Gewalt führen so weit, dass in Brennpunkten selbst der Rettungsdienst schon mit schusswaffensicheren Westen unterwegs ist. Tätliche Gewalt gegen uns wird immer häufiger, ohne Motivation werden Reifen von Rettungsdienstwagen zerstochen oder Radmuttern während unserer Abwesenheit gelockert. Chaoten blenden Hubschrauber der Polizei, des Rettungsdienstes, ja sogar von Verkehrsflugzeugen mit hochleistungsstarken Laserpointern. Was geht in diesen Hohlköpfen nur vor sich? Und wann werden sie endlich richtig bestraft?

Dazu kommen Enthemmung, Respektlosigkeit und Wahnsinn von Tätern, die durch Medien geradezu stimuliert werden, anderen Schaden zuzufügen. Und die Politik schaut zu oder weiß wieder einmal gar nicht, was in der täglichen Realität tatsächlich passiert. In jeder Zeitung steht es landauf, landab täglich, im TV, in den Medien, unvorstellbare Dinge passieren täglich – fast stündlich um uns herum, jeder kennt es. Wo bleiben härtere Strafen für Täter und Unterstützung für Opfer? Meiner Meinung nach helfen nicht Gefängnis und Wegsperren, das bezahlen ja auch wir. Die Täter sollen täglich arbeiten für die Opfer und die Gesellschaft, denen sie Leid, Schaden und Kosten zugefügt haben. Wenn jemand in Brandenburg fordert, Häftlinge sollten den Mindestlohn erhalten, dann stimmt etwas schon längst nicht mehr.

Zurück zur Psychiatrie, nur in meinen alltäglichen Bereich. Das zentrale Krankenhaus befindet sich in einer Kleinstadt – die nächste psychiatrische Klinik vom selben Träger etwa 30 Kilometer entfernt. Bei entsprechender Indikation fährt der Rettungsdienst mit NEF und RTW, in nicht geringem Umfang auch mit Amtshilfe durch die Polizei (am Einsatzort bis zu drei Streifenwagen, zur Begleitung mindestens ein solcher) in die Klinik. Zum Teil mit dem gleichen Patienten mehrmals pro Woche, weil sie nach kurzer Zeit entlassen werden, abhauen oder keine Kapazitäten da sind. Auch hier die Frage an die Verantwortlichen in Politik und Ministerien – wo soll das hinführen? Nebeneffekt, für diejenigen, die tatsächlich schnell unsere Hilfe brauchen, stehen wir nicht schnell genug zu Verfügung.

QUERSCHNITTSLÄHMUNG

Auf dem Melder steht: Polytrauma ohne nähere Angaben – ich mag es einfach nicht, so ins Ungewisse zu fliegen. Es geht in ein benachbartes Bundesland, also sind wir schon ein paar Minuten länger unterwegs. Unter uns sehe ich einen Kleintransporter, dahinter ein Fahrrad liegen. Hinter diesem Transporter liegt ein junger Mann auf dem Boden, ansprechbar und orientiert.

Daneben ein völlig zerstörtes, hochwertigstes Carbon-Rennrad, die Schaltung und Handbremse stecken noch in den hinteren Scheiben des Transporters, die Fahrerin ist völlig aufgelöst, sie stand mit ihrem Fahrzeug, als es einen Knall gab. Der junge Mann in Spitzensportlermontur mit entsprechendem Helm wird nun untersucht, hier stellt sich heraus, dass er keinerlei Gefühl vom Becken an abwärts verspürt. Wahrscheinlich ist er, eben zwar mit Helm, so gefahren, dass er jede Windschlüpfrigkeit ergaunern wollte und so weit den Kopf gesenkt hatte, dass er den vor ihm auftauchenden stehenden Transporter einfach nicht gesehen hat. Es steht mir nicht zu, sportliche Aktivitäten zu kritisieren, aber wo soll das alles hinführen? Wir verbringen ihn in eine Spezialklinik, er hatte mehrere Frakturen im Bereich der Wirbelsäule, einige wurden sofort operiert. Was bleibt – Querschnittslähmung mit 29 Jahren und bestehender beruflicher Selbstständigkeit – welche Perspektiven bleiben?

KURIOSUM 4

Es bleiben ja immer Geschichten im Rettungsdienst, die stets und ständig bei Feiern wieder erzählt werden. Deshalb erzähle ich sie auch nur weiter, weil nicht selbst erlebt. Stichwort „Atemnot“, die Berliner Feuerwehr trifft mit NAW und RTW ein, eine ältere Dame leidet nicht an Atemnot, sondern sie tut ihren fast letzten „Schnaufer“ – kurzum, der RD will sie für einen Transport umlagern, aber sie ist erschwerend bereits mit dem ledernen Sofa fest verwachsen, Getier aus den Körperöffnungen, kein schöner Anblick. Nun, sie kann befreit werden, als die Kollegen beim Verlassen der Wohnung diese verschließen wollen, finden sie vom Lebenskameraden neben dem Schlüsselbund im Flur einen Zettel: „Bin Kippen sammeln, Gruß Erwin“. Er war wohl schon länger unterwegs …

REANIMATION

Fall 1: Wir werden in einen Supermarkt gerufen, Stichwort: „Hilflose Person". Er ist tatsächlich hilflos, denn er liegt direkt neben einer Gefriertruhe, ob ihm das Angebot nicht zugesagt hat oder ob er bereits richtig krank war, werden wir womöglich erst später erfahren. Wie so oft stehen ganz interessierte Bürger um das Geschehen herum – nur keiner hat bis zu unserem Eintreffen auch nur die geringste Hilfe geleistet. Das Thema wäre ein Extra-Kapitel wert, in anderen Ländern ist man da viel weiter. Also beginnen wir den üblichen Handlungsablauf, schnell sieht man im EKG ein Kammerflimmern, Eile ist geboten und ich verteile die Aufgaben, es klappt reibungslos, venöser Zugang liegt, nach der Herzdruckmassage, Defibrillation und Intubation mit Beatmung verändert sich die Hautfarbe des Patienten von bläulich-livide zum sichtlich rosigeren Aussehen. Jetzt könnte man über den Transport in eine geeignete Zielklinik nachdenken, auch das sollte im Vorfeld geregelt werden, man kann nicht einfach vor einer Intensivstation stehen und sagen: Da sind wir! Die Bettenkapazitäten von Spezialabteilungen müssen vorher abgefragt werden, um so wenig Zeitverlust für den Patienten zu haben. In diesem Falle ist es etwas anderes, der Kollaps-Ereigniszeitpunkt scheint bis zum Absetzen des Notrufes nur kurz gewesen zu sein. Zum damaligen Zeitpunkt gab es Therapieempfehlungen, auch für die Präklinik, bei erfolgreicher Reanimation den Körper des Patienten zu kühlen, um die Stoffwechselvorgänge so niedrig, wie möglich zu halten, weil es die Chance auf ein positives „Outcome" deutlich verbessern würde. Große Kliniken hatten derzeit bereits kostenintensive Apparate angeschafft, wir im Rettungsdienst konnten uns diesbezüglich nur mit Improvisationen behelfen. Und in dieser Situation war ich in diesem Moment. Also habe ich mir die Filialleiterin des Supermarktes kommen lassen und sie darum gebeten, dass wir so viel wie möglich und nötig von eingefrosteten Lebensmitteln aus den Gefriertruhen entnehmen dürften. Ein sehr fassungsloses

Gesicht starrte mich an, sie verstand nicht, dass wir in solch einer Situation über unseren Einkauf nachdachten. Viel Zeit war auch nicht, mit wenigen Worten versuchte ich ihr zu erklären, dass wir möglicherweise das Leben des Patienten mit dieser Maßnahme retten könnten. Noch immer sehr verwundert über diese Anfrage kam kurz die Zusage, „Nehmen Sie, was Sie brauchen, das rechne ich schon irgendwie ab." Brötchen, Pizzas und weitere Tiefkühlartikel wanderten an den Körper des Patienten und dann fuhren wir los. „Cooling down" nennt man diese Maßnahme, nach längerer Anfahrtszeit zur bereitstehenden ITS erreichten wir diese und übergaben den Patienten in relativ stabilem Zustand. Inzwischen mit solchen Besonderheiten von mir vertraut, erfragten die Intensivmediziner weitere Details zu Zeitabläufen, das war aber im Einsatzprotokoll bereits dokumentiert und ich verwies darauf.

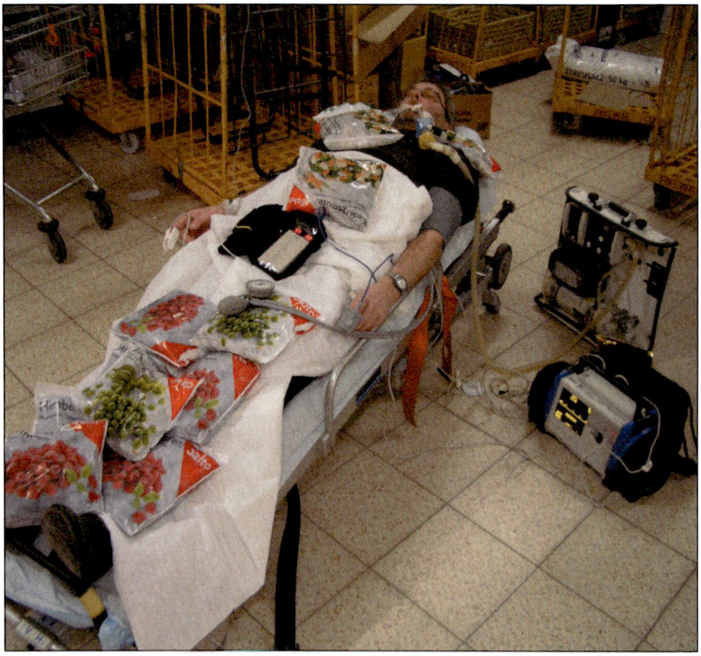

Bild 51: Hypothermie-Selbstversuch (Quelle: privat)

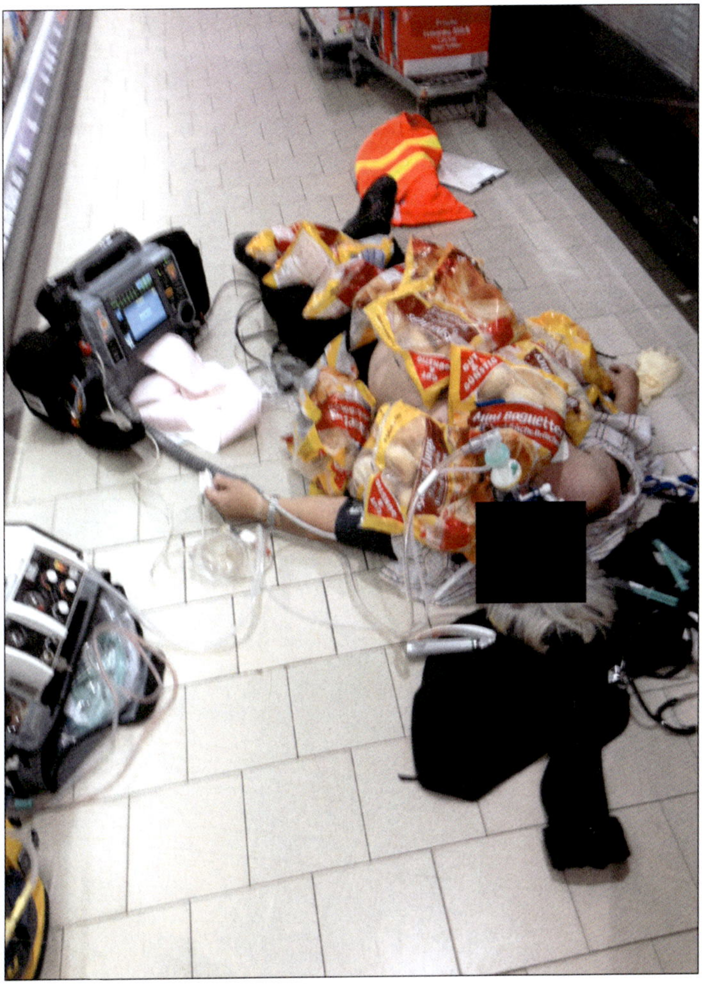

Bild 52: Hypothermie-Patient nach Reanimation (Quelle: privat)

Nach zwei Tagen habe ich mich nach dem Befinden des Patienten erkundigt, er hat es leider nicht überlebt, ist wiederholt ins Kammerflimmern gekommen und es war eine schwere Herzerkrankung bei ihm bekannt. Allerdings hatte er bereits vorher alle diagnostischen Möglichkeiten, zum Beispiel Herzkatheter-Untersuchung, abgelehnt.

RECHTSRADIKAL

Nicht selten sind wir auf Amtshilfe durch die Polizei angewiesen, besonders bei psychiatrischen Ausnahmesituationen. Umgekehrt werden aber auch wir von der Polizei angefordert, in ihre Polizei-Inspektionen, um Patienten zur Gewahrsamsfähigkeit einzuschätzen. So werde ich in ein solches Revier gerufen. Der Patient ist schwer betrunken, aber umgänglich, nur als ich ihm Blut abnehmen will und die abschreckenden Tätowierungen sehe, wird er ungemütlich. Mit der Punktion und Infusion, um den Alkohol zu verdünnen, ist er aber einverstanden. Auf seinem Unterarm sehe ich den „Führer" eintätowiert und er meint: „Wenn du den Führer trifft, bist du tot" – Ohne Worte.

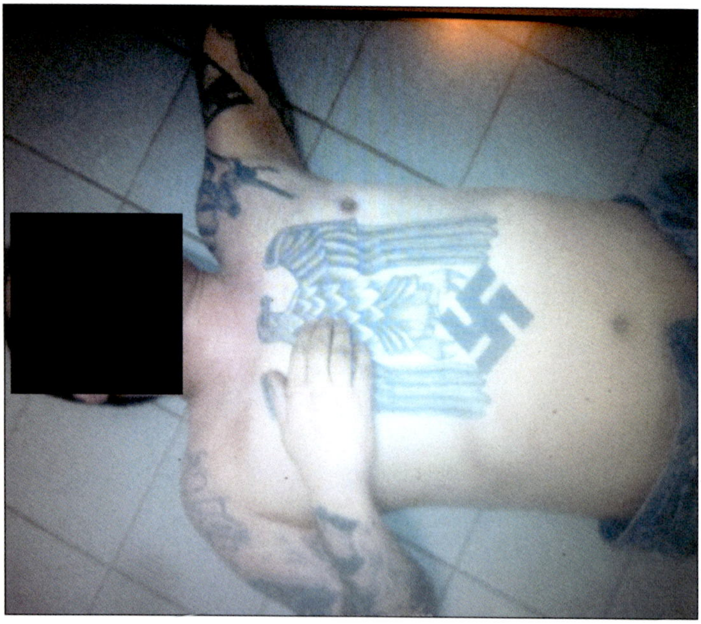

Bild 53: Rechtsradikal, Vorderansicht (Quelle: privat)

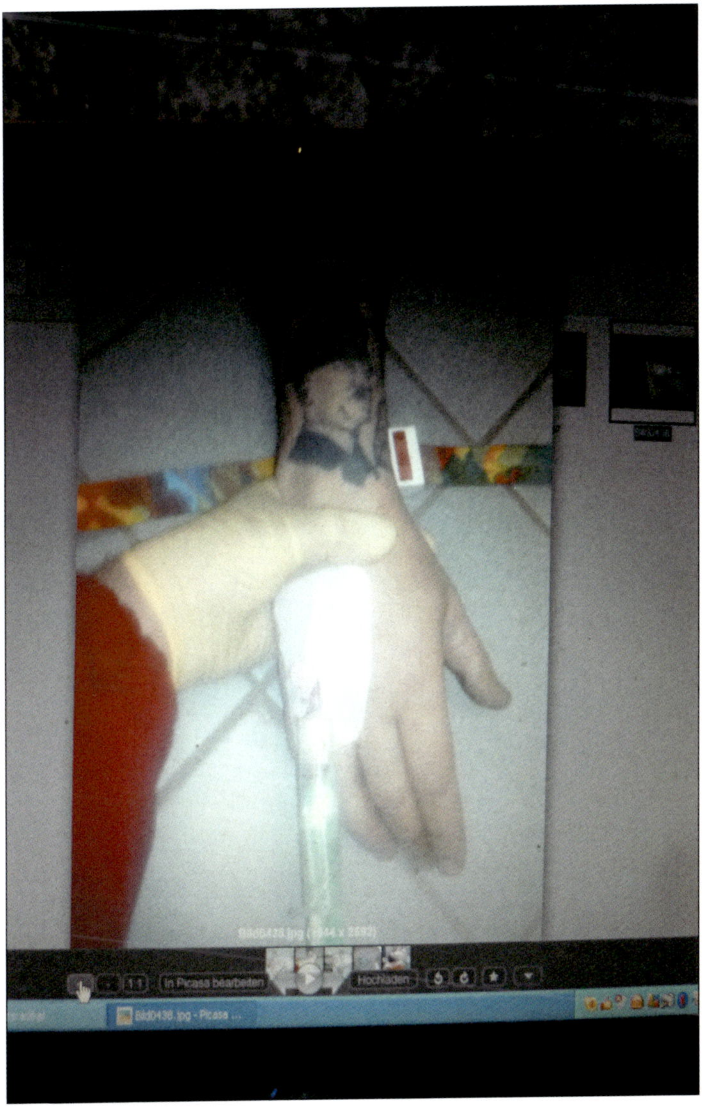

Bild 54: Rechtsradikal, A. Hitler auf Unterarm (Quelle: privat)

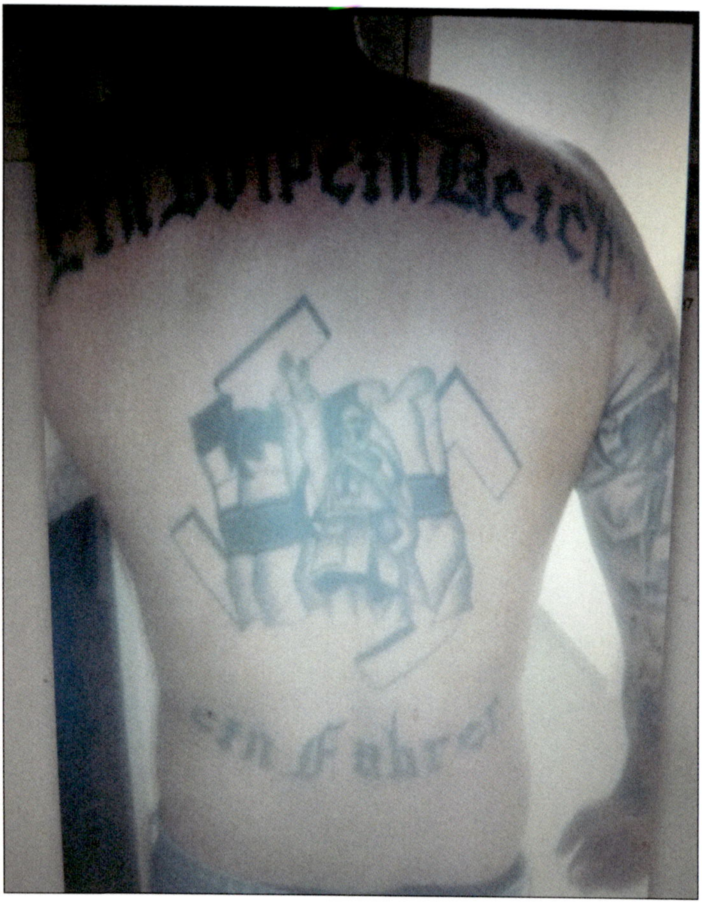

Bild 55: Rechtsradikal, Rücken (Quelle: privat)

REITUNFÄLLE

In ländlichen Regionen, aber auch Nationalparks sind immer wieder Reiter unterwegs, die diese wunderschöne Natur auf ihre Weise genießen. Nicht ganz ungefährlich, auch hier kommt es zu Unglücksfällen. Ich erinnere mich an einen Einsatz, wo wir zu einem neunjährigen Mädchen geflogen sind, das von seinem Pferd abgeworfen wurde. Unglücklicherweise war es dabei auf eine Baumwurzel gefallen und mein Verdacht auf eine Becken- und Oberschenkelfraktur bestätigte sich leider in der Klinik. Es war wirklich tapfer und wie alle Kinder, die wir fliegen, bekam es einen Aufkleber, einen Anstecker und ein Schlüsselband vom Hubschrauber.

Wochen später erhielt ich einen liebenswürdigen Brief aus Connecticut/USA von der gesamten Familie. Der Dank galt einem besonnenen und sehr liebenswürdigen Team, das sich um das Wohl des Kindes bemüht hatte.

RHYTHMUSSTÖRUNGEN

Wir werden zur plötzlichen Bewusstlosigkeit gerufen, am Einsatzort finden wir eine leblose 84-jährige Dame im Wohnzimmersessel sitzend, die Hände gefaltet, als wäre alles so gewünscht. Sie sieht sehr friedlich aus, offenbar war sie extra noch beim Friseur. In ihrer Hand entdecke ich ein Medikamenten-Röhrchen Digitoxin, ein Medikament zur Behandlung von Herzschwäche und HRST – Inhalt: 100 Tabletten – es ist leer. Da mir das Ganze nicht wie ein Versehen oder Unfall vorkommt, legen wir nach geschriebenem EKG (ohne jegliche Herzaktionen) die Patientin auf ihr Sofa und ich entdecke in der Jackentasche den vermuteten Abschiedsbrief. Sie hat es bei vollem Bewusstsein getan und mir bleibt nur, die Angehörigen zu informieren und einen Kollegen zu bestellen, der die Leichenschau durchführt.

Feierabend? Nichts da, bald geht's auch schon wieder los. Eine multimorbide Patientin, gerade erst heute dialysiert, klagt über Luftnot und Schmerzen im Rücken. Das EKG zeigt keinerlei

Anzeichen einer Durchblutungsstörung, dafür ist es recht übersichtlich. Die Kammerkomplexe unter Digitalis und Betablockern liegen doch recht entfernt voneinander und eine Herzfrequenz um die 30/min ist nicht eben gesund. Aber die ältere Dame ist offenbar sehr zäh, sie steckt das alles weg und ist voll orientiert. Auf dem Transport ins KH fällt die Hf auf fast 20/min ab, ich bitte telefonisch um Freimachen des Schockraumes und die Bereitschaft einer eventuellen temporären Schrittmacher-Implantation. Ich erinnere mich in diesem Zusammenhang an Situationen während meiner Zeit auf der ITS in Berlin. Nach Absetzen beziehungsweise Umstellung der das „Herz langsam machenden" Medikamente konnte die Patientin in die Häuslichkeit entlassen werden.

ROSANA

RoSaNa steht für Rostocker Simulationsanlage und Notfallausbildungszentrum. Viele Mitarbeiter in unserem Beruf arbeiten im Schichtsystem, um rund um die Uhr eine Patientenversorgung abzusichern. Nicht selten bleiben private Angelegenheiten auf der Strecke und die Kinder können nicht jedes Weihnachts- oder Osterfest mit ihren Elternteilen feiern. Deshalb hatte ich einen Besuch im RoSaNa organisiert, es war ein voller Erfolg, den Kindern wurden Klinikabläufe an einem faszinierenden Legomobil-Krankenhaus erklärt, um ihre Ängste abzubauen, sie konnten einem Riesen-Teddy Organe entnehmen und deren Lage und Funktion erlernen und zum Schluss gab es noch ein gemeinsames Pizzaessen.

Bild 56: RosaNa, Lego-Krankenhaus (Quelle: privat)

Bild 57: RoSana-Besuch (Quelle: privat)

SUIZIDE

(Erschießen, Strangulieren, Ertrinken, Medikamente, Gas, Rasierklingen, Haushaltschemikalien oder Kosmetika, auch all das erlebt.)

Fall 1: Auch wenn es nicht in die Luftrettung gehört, hier ein paar Bemerkungen zu den letzten Einsätzen von mir in der Bodenrettung. Wie wir alle wissen, sind die Herbstzeit und besonders die kommende Vorweihnachtszeit Anlass für viele Menschen mit sich zu hadern und dies endet nicht selten in der Ausweglosigkeit. Sie denken, dass sie dann am liebsten so schnell und manchmal auf skurillste Art und Weise ihrem Schöpfer gegenübertreten wollen oder sie wollen das tatsächlich. Sprich, sie unternehmen einen Suizidversuch. Davon hatte ich dann letztlich gleich vier Einsätze in 48 Stunden Dienst. Und natürlich, wie es dann immer ist, die Depressionen ufern nachts aus und wir werden gerufen. Der erste nachts um halb eins, ein gerade aus der Psychiatrie entlassener Delinquent, hatte sich aus seiner Sicherheitsverwahrung gestohlen und war bei einem Kumpel gelandet. Drei Wochen zuvor hatte er sich (der 17. Suizidversuch) Rasierklingen in den Anus geschoben, in dem Glauben, dies würde sein Leben beenden. Gerettet wurde er, aus der Klinik in die Psychiatrie verbracht und dort, wie gesagt, zwei Tage zuvor entlassen. Jetzt lag er vor mir im Rettungswagen, beide Unterarme aufgeschlitzt und angeblich auch noch unzählige Antidepressiva eingeworfen. Er wolle halt wieder mal nicht mehr leben, also als „Reklamation" wieder zurück in die Klapper. Noch nicht wieder in der Wache zurück, erreichte mich der nächste Einsatz, Polizeiinspektion mit Suizidandrohung, da war's dann schon tief in der Nacht. Der offensichtlich von langem Drogenkonsum gezeichnete junge Mann hatte erst mal sein Mobiliar aus dem Fenster seiner Wohnung befördert, als die Polizei eintraf, wünschte er, von den Beamten erschossen zu werden. Die lehnten ab und nahmen ihn mit, ah ja, da gibt's doch noch den Rettungsdienst, der sich der Sache annehmen kann. Nach kurzem Gespräch und dem Eindruck, dass er sich ohne Probleme mitnehmen lässt, wurde auch er in die Psychiatrie verbracht.

In der nächsten Nacht, auch weit nach Mitternacht, wieder ein Alarm. In einem nahegelegenen Gymnasium für die „Elite der Jugend“ hatte ein 16-jähriges Mädchen Unmengen von Aspirin eingenommen. Ohne zu wissen, was für ein Aufwand mit zwei Wagen, viel Personal und Verbringung auf eine Intensivstation bedeutet, lächelte es mich beim Eintreffen an, wie so oft auf meine Nachfrage nach dem Grund; Probleme mit dem Freund. Ja, sind die denn alle noch ganz dicht?

Krönung dann wenige Zeit später in einem Obdachlosenheim schon dem Morgen entgegensehend traf ich auf einen alkoholisierten, dem Rettungsdienst gut bekannten „Kunden“, der meinte, jetzt kämen die depressiven Wellen so wie Wehen bei einer Schwangeren. Da konnte ich nur kurzen Prozess machen, „bleibst du friedlich?“ Protokoll schreiben, Anruf in der„Klapper“ und Tschüss. Es war dann 5:20 Uhr morgens. Gute Nacht.

Fall 2: Pieper schrillt – klingt schon eigenartig, wir landen in der Nähe von K., werden zu einem völlig verwahrlosten Gartenschuppen geführt und dort hängt er dann. Offensichtlich in mehreren Versuchen hat er es geschafft, sich zu strangulieren, vielleicht war es dann der dritte Versuch, der den Tod gebracht hat. Eine umgestürzte Lautsprecherbox unter seinen Beinen deutete darauf hin, dass er sich darauf gestellt hat und sie dann umstieß. Wie können Menschen nur so leben und hausen?, ich frage es mich immer wieder bei solchen Anblicken. Das ganze soziale Umfeld ist völlig kaputt, ich erfahre von der neuen Ehefrau, dass ihre Tochter erst gestern aus dem Deutschen Herzzentrum Berlin nach einer Herz-OP entlassen wurde und jetzt in der Nachbarschaft irgendwo sitzt. Mehr oder weniger ohne zu fragen, fordere ich einen Seelsorger an, um sich der Angehörigen anzunehmen.

Bild 58: Suizid durch Erschießen (Quelle: privat)

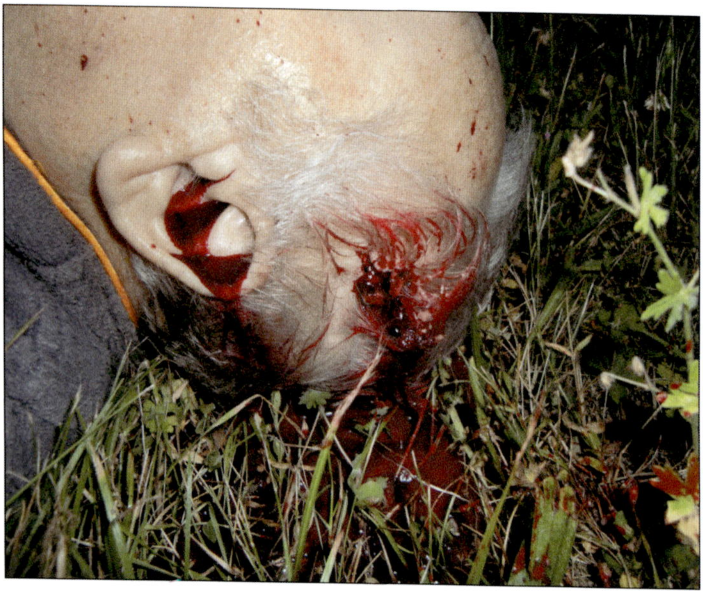

Bild 59: Suizid durch Erschießen (Quelle: privat)

SCHWANGERSCHAFT

Plötzlicher Wintereinbruch mit Temperaturen bis –10 °Celsius. Einsatz nachts um 3 Uhr(!) in der Bodenrettung zu einer „Risikoschwangerschaft“, zunehmende wellenförmig auftretende Bauchschmerzen seit Stunden. Angeblicher Geburtstermin vor zehn Tagen. Die Untersuchung des NA ergibt: kein Bauch einer Schwangeren, dafür sind gleich zwei potenzielle „Väter“ vorhanden, die sich nicht einigen können. Auf Anfrage, ob sie nicht verhütet hätte, keine Reaktion, da offensichtlich die Frage nicht verstanden wurde. Neue Frage: „geschützter Verkehr?“ Antwort: Ja, der Freund hätte den Mantel untergelegt! Keine Frage mehr meinerseits – sie war einfach nur besoffen. Nachdem die Patientin in den RTW zum Transport verbracht wurde, gaben beide anwesenden Freunde an, sofort hinterherzufahren, und zwar per Fahrrad – sie wurden später nicht mehr gesehen. Wozu machen wir das alles?

SELTENE ERKRANKUNGEN

Skorbut (1x), Argyrose (2x), Guillain-Barré-Syndrom (1x), ALS – Amyotrope Lateralsklerose (2x) – Fälle, die man oft vielleicht nur einmal im Berufsleben gesehen hat – spannend! Bereits seit 2010 gibt es einen Lehrstuhl für seltene Erkrankungen in Tübingen. Auch wenn ich den Begriff „Routine“ eigentlich gern vermeide, dennoch sind viele Einsätze im Rettungsdienst in diese Kategorie, jedenfalls wenn man es hauptamtlich betreibt, einzuordnen. Dann gibt es die Vielzahl der Einsätze, die unser Können, unsere Empirik und ganzen Anstrengungen bis ans Limit erfordern. Und dann gibt es eben diese Herausforderungen, Einsätze mit seltenen Erkrankungen, wo wir uns umso intensiver überlegen müssen, welche Komplikationen könnten denn auf uns zukommen? Also, immer Plan B im Kopf haben und bereits vorher dran denken.

An einem nasskalten Einsatztag mit zunehmender Nebelbildung werden wir von einem RTW mit dem RTH nachalarmiert, zunehmende Luftnot. Als ich den RTW betrete, sehe ich eine hübsche, junge (Anfang 30), nach Luft ringende Patientin. Sauerstoff läuft bereits, ich stelle mich vor und möchte sie befragen und dann untersuchen. Eine seltene Lungenerkrankung, selbst hatte ich bisher kaum etwas davon gehört. Bei der körperlichen Untersuchung fallen mir die ungewöhnlich langen, kosmetisch verzierten Fingernägel auf, sie besitzt in Selbstständigkeit ein Nagelstudio, gut, schön, die Geschmäcker sind unterschiedlich. Sie hat zwei kleine Kinder und der Ehemann steht aufgeregt vor dem Rettungswagen. Aus der Anamnese erfahre ich, sie ist in einem großen, norddeutschen pulmologischen Zentrum in Betreuung, war gestern erst dort und seit heute hat sich die Luftnot massiv verstärkt. Sie steht auf der LTX-Liste, wartet also auf eine neue Lunge. Nach Intensivierung der Sauerstofftherapie mit sichtbarem Erfolg erkläre ich ihr, dass ich sie jetzt in die nächste Klinik für Innere Medizin bringen werde. Das lehnt die junge Frau vehement ab, sie möchte in die Spezialklinik verlegt werden, das verstehe ich auch. Aber ich muss ihr auch sagen, dass wir sie bei den sich inzwischen drastisch verschlechterten Witterungsverhältnissen nicht gen Hamburg fliegen werden können. Aber ich verspreche ihr eine andere Lösung, einen bodengebundenen Transport mit Arztbegleitung, den ich aber erst anfordern muss. Und jetzt passiert etwas, was ich nie vergessen werde. Sie guckt mich mit großen Augen an, nimmt meine Hand und drückt sie so fest – „so einen netten Arzt hatte ich lange nicht, ich möchte, dass Sie mich auf dem Transport begleiten." Ich bin wirklich sehr gerührt und merke, wie feucht meine Augen werden. Ich muss ihr sagen, dass ich diesen Wunsch nicht erfüllen kann, auch wenn ich es gern täte. Das Wetter kann später wieder besser werden und ich bin Notarzt auf dem Hubschrauber. Sie sieht es ein, ich warte wenigstens, bis der angeforderte Kollege eintrifft, um vor und mit der Patientin die Übergabe zu machen. Der Transport ist ohne Komplikationen verlaufen.

Sieben Jahre später erfahre ich, als ich selbst Patient in dieser Spezialklinik bin, sie hat das Krankenhaus nicht lebend verlassen, es fand sich zu der Zeit kein rechtzeitiges Spenderorgan. Obwohl ich sie nicht gekannt habe, muss ich noch heute oft an die Kinder denken, die ohne ihre Mutter aufwachsen.

STÜRZE AUS GROSSER HÖHE

Fall 1: An einem nebligen Herbsttag schrillt der Pieper mit der Meldung „Sturz aus großer Höhe" im Müritz-Nationalpark, also ein Einsatz aus der Bodenrettung. Durch die umliegende Müritz und andere Gewässer sind die sogenannten Hilfsfristen, also bis zum Erreichen des Patienten, oft nur schwer einzuhalten, in entsprechend schlechtem Gelände erst recht. Und bei dieser Witterung bei Nebel noch schwieriger. Die Anfahrt dauert dementsprechend länger und ich versuche Informationen von der RLST einzuholen. „Mann von oder mit Telefonmast umgestürzt"? - mehr weiß man nicht. Wenn man mit bekannten und vertrauten Kollegen unterwegs ist, macht es vieles einfacher, weil man weiß, auf wen man sich verlassen kann. Zu diesem Einsatz wurde zeitgleich ein Fremd-RTW alarmiert, besetzt mit einem RA und einer Medizinstudentin. Nach einiger Sucherei im Nationalpark finden wir endlich die Einsatzstelle, Kommunikationsschwierigkeiten durch die Witterung und zum Teil keinen Netzempfang haben das Auffinden zusätzlich erschwert. Am Rande eines Waldweges sehen wir plötzlich orangefarbene Kleidung, ein Mann winkt uns herbei. Ich erkenne einen umgestürzten Telefonmast, darunter eingeklemmt einen Arbeiter, auch in seinem orangefarbenen Overall. Aufgeregt erklärt mir sein Kollege, sie seien bei Wartungsarbeiten gewesen und plötzlich sei der Mast mit dem zwar gesicherten Mitarbeiter oben umgeknickt und zu Boden gestürzt. Der Mann ist ansprechbar und in halb gebückter

Haltung kauert er unter dem Mast. Mit vereinten Kräften und der versicherten Zusage, es sei kein Strom mehr drauf, können wir ihn zunächst von der Last befreien. Ich inspiziere kurz den Stumpf, alles verfault, kein Wunder, dass er das Gewicht des Patienten nicht mehr toleriert und nachgegeben hat. So weit, so gut, der Patient hat inzwischen einen venösen Zugang und einen Stifneck und ich bestehe auf den Einsatz der Vakuummatratze. Noch bevor wir ihn darauf lagern können, verliert der Patient das Bewusstsein und wird blau. Jetzt muss alles schnell gehen und natürlich hat eine Medizinstudentin in solch einer Situation nicht den Blick für das Wesentliche, hier wird jede Hand gebraucht, aber sie macht das ganz gut. Intubation und Beatmung zwischen Farnen und Brennnesseln, nicht ganz angenehm. Als ich die Lunge abhorche, höre ich auf der rechten Seite überhaupt kein Atemgeräusch und unter dem Verdacht auf einen Pneumothorax durch den Sturz fordere ich eine Thorax-Drainage (die letzte habe ich in Berlin nach Sturz vom Baugerüst aus der 12. Etage bei einem jungen Mann gelegt, er ist später an seinen Verletzungen gestorben). Nach der Anlage dieser entleert sich massiv Blut und mein Verdacht auf einen Hämatothorax bestätigt sich zunächst klinisch. Kein Netz, das ist in solchen Situationen fatal, ich kann das nächste Klinikum nicht erreichen, über Funk bitte ich die RLST, den Patienten anzumelden und auf meinen Rückruf zu warten. Wir irren, nachdem der Patient halbwegs stabil erscheint, durch den Nationalpark und irgendwann habe ich auch Netzempfang und erreiche den Thorax-Chirurgen, einen notärztlichen Kollegen, er weiß also, worum es geht. Schockraum frei, Sonografie und CT-Bereitschaft, bis hin zu einem freien OP-Saal irgendwann – falls wir es bis dahin schaffen. Die Fahrt erscheint mir wie eine Weltreise. Und irgendwann sehe ich das Schild „Notaufnahme" und atme etwas durch, da wir den Patienten relativ stabil bis hierher bekommen haben. Ich habe zu diesem Zeitpunkt und in diesem KH noch nie so viel Personal gesehen, das uns erwartet hat, 23 Leute. Kurz in die Runde geschaut, wer ist wichtig und wer muss was wissen? Übergabe verbal mit Unterstützung einiger Fotos vom Einsatzort, Ultraschall und ab ins CT. Durchatmen und Gesicht und Brille putzen, der Schweiß hat fast die Sicht genommen. Ich möchte das Ergebnis noch abwarten, solange melden wir uns nicht einsatzbereit, es ist auch notwendig, das ganze verbrauchte Material und Medikamente aufzufüllen. Plötzlich rast die Trage samt Patient an uns vorbei, der Thorax-Chirurg und Anästhesist rufen fast zeitgleich „Melden uns später“ und weg sind sie. Psychisch und physisch angeschlagen, aber erleichtert, klatsche ich meine Kollegen ab und danke für die tolle gemeinsame Arbeit, nichts liegt mehr in unseren Händen. Eine stundenlange Operation folgt den Ereignissen, der Patient überlebt und es schließen sich monatelange Aufenthalte in Reha-Kliniken an. Ich habe noch eine ganze Zeit Kontakt zur Familie, die immer wieder ihren Dank auch uns gegenüber äußern, das tut gut. Ohne uns wäre der Patient sicher verstorben – ein sehr gutes Gefühl.

Bild 60: Sturz mit Telefonmast (Quelle: privat)

Fall 2: Wir haben schon den Feierabend im Hinterkopf, nichts da, fast bei N. ist der nächste Einsatzort. Sturz aus großer Höhe. Ein durchtrainierter junger Mann, Angehöriger der Bundespolizei, ist durch ein Dach gestürzt und befindet sich bereits im RTW. Im Anflug wurde uns mitgeteilt, der Patient sei schon versorgt, ich denke, wir müssen ihn nur noch in ein Polytrauma-Zentrum bringen, doch weit gefehlt. Ein junger Notarzt stochert mit einem kleinen Tubus im Hals des Patienten rum und sagt mir, er könne den Patienten nicht intubieren. Ich nehme es hin und will mein Glück versuchen, obwohl mir der Tubus eigentlich viel zu klein erscheint. Aber ich muss ebenso feststellen, dass ich den relaxierten Patienten auch nicht intubieren kann. Nach mehreren Versuchen bitte ich um einen Larynx-Tubus, eine sogenannte supraglottische Atemhilfe. Selbst habe ich damit kaum Erfahrungen, da ich bisher die meisten Patienten gut intubieren konnte. Nachdem wir den Patienten per Ambu-Beutel mit Sauerstoff aufgesättigt haben, versuche ich es erneut, aber ich muss feststellen, dass ich auch den Larynx-Tubus nicht platzieren kann. Langsam steigen mir die Schweißperlen auf die Stirn und irgendwie schaffe ich es dann im dritten Versuch doch. Die Sättigung steigt und mein Adrenalinspiegel sinkt wieder. Jetzt, wo alles fertig ist, hält mir plötzlich einer der Rettungsassistenten einen Anästhesie-Ausweis unter die Nase, ich selbst hab solch ein Dokument noch nie gesehen, und was steht darauf? „Maskenbeatmung möglich – Intubation nicht möglich“, na, da haben wir's ja schwarz auf weiß. Danke schön. Als alles soweit vorbereitet ist, lagern wir um und fliegen nach B. ins Virchow-Klinikum, wo wir bereits angemeldet sind. Eine Korona von Ärzten aller Fachrichtungen nebst Schwestern stehen im Schockraum bereit, so wie wir es uns wünschen, ich übergebe den Patienten und wir wollen zurück, inzwischen ist es dunkel draußen. Aber wir müssen erst noch nach S. zum Tanken, ich wäre von dort in 20 Minuten zu Hause, aber denkste. Nacht über B., wir fliegen über die beleuchtete Stadt und sind erst gegen halb zehn abends in P., Protokolle schreiben, dann geht's nach Hause, wo ich erst nach Mitternacht ankomme, so war das nicht gedacht. Aber die Veranstaltung heißt ja Dienst.

STROMUNFÄLLE

Wir werden am späten Nachmittag in eine Wohnung alarmiert. Stichwort: „Stromunfall mit Reanimation“. Nach unserem Eintreffen finde ich in einer leeren Küche einen circa 60-jährigen bewusstlosen Mann auf dem Boden liegend vor. Die Tapeten und Steckdosen sind entfernt, neben dem Patienten ein großer Schraubenzieher. Laut dem Sohn wäre die Familie bei der Sanierung der Küche, der Vater hätte plötzlich gerufen, dann war Stille. Die Angehörigen begannen mit Mund-zu-Mund-Beatmung, jemand rief den Rettungsdienst. Nach kurzem Checkup beginnen wir mit der CPR, im EKG ist ein Kammerflimmern zu dokumentieren. Nach mehrfachen Defibrillationen, medikamentöser antiarrhythmischer Therapie und Beatmung erreichen wir einen stabilen Sinusrhythmus und einen nun messbaren Blutdruck. Wir bereiten den Abtransport vor, ich spreche mit den Angehörigen über das weitere Prozedere, von der nächstgelegenen Intensivstation habe ich schon die Bereitschaft zur Aufnahme erhalten. Von den Angehörigen erfahre ich, dass der Patient wegen einer Bypass-OP seit Jahren Falithrom einnimmt, die letzten Tage seien sehr stressig gewesen wegen der Renovierungsmaßnahmen. Neben der KHK sind eine Fettstoffwechselstörung und ein hoher Blutdruck bekannt und medikamentös eingestellt. Meine RA kennen den Patienten, er war früher Sportlehrer, ist sonst sehr fit und bei Sportveranstaltungen noch sehr engagiert. Wir fahren los, knapp 30 Kilometer liegen vor uns, der Patient scheint stabil. Am Ortsausgang befindet sich eine große Kaufhalle, ich lasse anhalten und plündere mit Einverständnis des Filialleiters die Tiefkühltruhen. Wir packen den Patienten zwischen gefrosteten Erd- und Himbeeren, Mischgemüse und Brötchen ein, um den Körper runterzukühlen (Hypothermie) um damit die Stoffwechselvorgänge des Körpers zu minimieren. Heute in Kliniken eine gängige, leitliniengerechte und durch entsprechende Medizintechnik angewandte Methode. Wir erreichen nach circa 20 Minuten die Intensivstation, wieder einmal erstaunte Gesichter über die durchgeführten Maßnahmen, also die mit dem „Gefrosteten". Bereits am kommenden Tag, am 11.11.2015 um 11:11 Uhr, kann der Patient bei stabilem Rhythmus extubiert werden. Aber bereits wenige Stunden später stellt sich ein Hirnorganisches Psychosyndrom (HOPS) ein, der Patient verschlechtert sich und muss erneut intubiert werden. Im Röntgenbild stellt sich eine Pneumonie dar, eine häufige Komplikation bei Intensivpatienten, die immobil sind. Therapeutisch ist nur eine Antibiotikagabe erfolgversprechend. Nach einigen Tagen wird der Patient tracheotomiert. Der erneute Weaning-Versuch scheitert und der Patient wird nach Abklingen der Entzündungszeichen in ein Herz-Zentrum verlegt. Die hier erfolgte Herzkatheter-Untersuchung zeigt mehrere Stenosen in den bereits gelegten Stents. Diese werden behoben und der Patient erhält einen Defibrillator, um weiteren todbringenden Herzrhythmusstörungen vorzubeugen. Nach vier Wochen wird der Patient stabil in die Häuslichkeit entlassen, eine Reha schloss sich an. Fazit: Schnell wird man fehlgeleitet durch äußere Umstände – hier bestand der Verdacht auf einen durch einen Stromunfall verursachten Herzstillstand beziehungsweise Herzrhythmusstörung. Falsch, als ursächlich für die Dramatik muss die Koronare Herzerkrankung des Patienten angesehen werden. Denn ein Elektroingenieur, der später die Wohnung untersuchte, stellte fest, dass es zu keinem Zeitpunkt einen Stromschlag bei unserem Patienten gegeben haben kann. Und es ist zu erwähnen, heute immer seltener werdend, die Familie hat sich nach Gesundung des Familienoberhauptes an die Lokalpresse gewandt und sich mit einem herzlichen Dankeschön an alle, die an der Rettung ihres Angehörigen beteiligt waren, geäußert. Da sagen wir mal Danke dafür.

Nicht jeden Einsatz können wir leider in den Nachrichten verstehen. Heute Abend erfährt man über einen 13-jährigen Jungen, der in R. gegenüber seinen Kumpels eine Mutprobe überstehen wollte. Er kletterte im Bahnhof auf einen Zug mit Kesselwagen, wird durch die Nähe zur Oberleitung mit 15.000 Volt schwerstverbrannt und nach B. ins UKB geflogen. Zwei Polizeihubschrauber waren ebenfalls mit Wärmebildkameras im Einsatz, um die flüchtigen Mitgefährten zu suchen. Was geht nur in diesen Kids vor sich? Inzwischen habe ich mit solchen Verrückten wirklich kein Mitleid mehr, wenn wir zu solchen Einsätzen müssen, werden wir dennoch unser Bestes tun. Laut Statistik der Bahn gab es im letzten Jahr 20 Bahnunfälle mit Jugendlichen, jeder dritte endete tödlich! Wofür nur? Zwei Tage später erfahre ich, dass es der Jugendliche nicht geschafft hat, er ist im UKB verstorben und ich bin sicher, die Kollegen dort haben alles versucht – aber den Kampf verloren. Schwer zu verstehen dagegen der Tod von zwei jungen Mädchen, 23 und 24 Jahre alt, die als Angehörige des THW in M. während einer Übung auf der Elbe mit anderen kenterten und für die jede Hilfe zu spät kam, furchtbar.

TATTOOS

Ich sage es ehrlich, diese mit Tattoos sich selbst verunstaltenden Menschen finde ich ekelerregend und abstoßend. Ich meine nicht so ein kleines Tattoo, welches sich jemand in Erinnerung oder Freude an eine Körperstelle fixiert. Ich spreche von diesen großflächigen, sicherlich nicht ganz preiswerten Ritualen, die sich manche Menschen auf Oberkörper, Arme und Beine (Frauen auf ihr gesamtes Dekolleté) projektieren lassen. Was in bestimmten Intimbereichen da vor sich geht, mag ich mir gar nicht vorstellen, wenngleich wir nicht selten dazu verpflichtet sind, auch im dienstlichen Einsatz diese „Sphären" zu inspizieren. Und es ist immer das Gleiche, diejenigen, die uns Steuerzahlern auf der Tasche liegen, unser Geld für Alkohol, Drogen, Kippen, PlayStation, Riesen-Fernseher und eben diese Tattoos verprassen mit einer Selbstverständlichkeit, werden vom Staat unterstützt und lachen sich über uns alle tot. Ich könnte kotzen. Und leider kann dieses Klientel das alles an seine Nachkommen weitergeben, wo soll das denn hinführen? Dazu noch bildungsferne Schicht, Fettsucht durch wenig Bewegung, „Pokémon-Suche", wovon auch Erwachsene angesteckt sind, und ähnlich völlig geistlose Spiele. Über das Kapitel gewaltverherrlichende und gefährlich machende Spiele im Netz will ich mich gar nicht auslassen. Die „Expertenmeinungen" zu diesen Themen stelle ich wirklich oft infrage.

TAUCHUNFÄLLE

Manche Einsätze sind aus verschiedensten Gründen wirklich nicht durchzuführen. Im Sommer 2015 erhalten wir einen ungewöhnlichen Alarm. In einem Tauchzentrum nahe B. an der Nordsee (!) ist es zu einem Tauchunfall gekommen, für uns ein Primäreinsatz(!), aber es ist bereits abends eine Stunde vor offizieller Abmeldung, der Patient soll in eine Überdruck-Kammer nach B. geflogen werden (ca. 450km). Das ist einfach nicht drin, wir müssten hinfliegen, dort irgendwo tanken, dann Patienten übernehmen und in die Hauptstadt fliegen. Es ist einfach nicht realisierbar, wie wir später erfahren, wird der Transport durch einen Intensivtransporthubschrauber (ITH) oder durch die Marineflieger realisiert.

TIERUNFÄLLE

Fall 1: Auf dem Melder dieses Einsatzes steht „psychiatrischer Notfall" nach Attentat. Ich finde keine Erklärung dafür, die RLST ist nicht in der Lage, mir Fakten zu dem Einsatz mitzuteilen. Nach Eintreffen am Einsatzort kommt mir eine verzweifelte, schreiende und wütende Frau entgegen, „Kommen Sie bitte schnell", und führt uns geradewegs in ihr Schlafzimmer. Ich denke noch „Attentat/Eigensicherung?“ und nähere mich dem ehelichen Bett. Ich traue meinen Augen nicht und sehe einen Riesen-Hund unter der Bettdecke mit Schaum vor dem Maul. „Bitte helfen Sie“, schreit die Frau, ich frage, was denn passiert sei. Der Nachbar hätte aus Hass den Hund vergiftet. Ich sage der Frau klipp und klar, dass wir hier nichts mehr tun können, und bin sehr sauer, wer schickt uns denn zu solch einem „Nicht-Einsatz“?

Fall 2: Wir sitzen noch beim Frühstück, da schrillt auch schon der Pieper, noch einmal vom Brötchen abbeißen und rein in die Stiefel. VKU Pkw/Kutsche lautet die Alarmierung, der Einsatzort liegt jenseits der Elbe und der RTW aus G. ist schon unterwegs. Als wir runtergehen, kann ich keine Kutsche ausmachen, ich sehe zunächst nur ein vor einem Pkw (die Frontscheibe ist geborsten) liegendes Fahrrad. Aber dann kommt das Dilemma, der Radfahrer ist bereits im RTW, als ich diesen betrete, sehe ich einen blutüberströmten Kopf, ein älterer Mann hat Schnittwunden im Gesicht und am Kopf, außerdem eine vermutete Unterschenkelfraktur. Er leidet unter einer retrograden Amnesie, ansonsten ist er stabil. Ich will nach der Pkw-Fahrerin schauen, sie sitzt in einem anderen Fahrzeug etwas entfernt und ich erfahre, ein Arzt hat sich bereits um sie gekümmert. Von der Polizei erfrage ich den Unfallhergang, der ältere Herr war mit dem Rad unterwegs und führte einen Hengst an einem Strick mit sich. Von hinten kam die 87-jährige Autofahrerin und es kam, aus welchem Grund auch immer, zur Kollision. Dabei stürzte der Radfahrer und das Pferd flog in die Windschutzscheibe, schleuderte dann gegen einen Baum und verletzte sich wohl so stark an der Wirbelsäule, dass es noch vor Ort vom Tierarzt eingeschläfert werden musste. Als ich mich um die ältere Dame kümmern will, ein zweiter RTW ist inzwischen eingetroffen, kommt es zu einem heftigen Disput mit dem ärztlichen Kollegen, er ist der Sohn der Dame und hält meine geplanten Maßnahmen für völlig überzogen. Also Moment mal, diese ältere Dame hatte gerade einen VKU, sitzt teilnahmslos im Auto und ist Marcumar-Patientin, blutet aus der Hand und ihr Blutdruck ist bei 220 mmHg und sie kann sich an das Unfallgeschehen nicht erinnern. Da kann sich der Sohn noch so aufplustern, ich lasse mich auf keine Diskussion ein und beende das Gespräch mit dem Hinweis, dass ich mich nun wieder um die Patienten kümmere und beide Patienten per Achse nach D. ins KH bringe.

TRANSPLANTATIONS-KOMPLIKATIONEN

Der Tag vergeht langsam, da wir zunächst keinen Einsatz bekommen, dann gegen Mittag geht's in eine Spielhölle nach L., jemand ist gestürzt. Wir finden eine junge Frau, die sich im Flur des Hauses befand und beim Winken zur Verabschiedung die Treppenstufen übersehen hat. Sie ist bereits im RTW und ich

Bild 61: Tier-Rettung (Quelle: privat)

Bild 62: Pferdetransporter von Baum zerstört (Quelle: privat)

Bild 63: Pferdetransporter von Baum zerstört (Quelle: privat)

versorge sie mit einer Schmerzmedikation, dann geht es per Bodentransport in die Klinik zur Diagnostik. Am späten Nachmittag kommt der nächste Einsatz rein, eine Verlegung ins Deutsche Herzzentrum Berlin. Ich führe ein Arzt-zu Arzt-Gespräch durch, es geht um einen sechsjährigen Jungen, ein armes Würstchen, mit zwei Jahren ist er herztransplantiert worden, während der Bridging-Phase hat er ein Kunstherz und darunter einen Hirnschlag bekommen. Geistig ist er auch etwas retardiert, jetzt hat er hohes Fieber und es besteht der Verdacht auf eine beginnende Sepsis, möglich ist auch eine Organabstoßung. Die Mutti möchte nicht mitkommen, sie will zu Hause noch Sachen einpacken und mit dem Auto nachkommen. Auf der Hälfte des Fluges spuckt mir der Kleine die Hütte voll, aber wir bringen ihn gut nach B. Auf dem Rückweg darf ich dann vorn sitzen, kleiner Rundflug über der Hauptstadt und wir kreisen über dem Airport Tegel, phänomenale Eindrücke. Gerade zu Hause angekommen, geht's schon wieder los, eine ältere Dame hat möglicherweise einen neuen Schlaganfall erlitten, auch sie wird per RTW in die Klinik verbracht.

Zu Transplantationen vielleicht noch eine Ergänzung, gerade sind die Olympischen Sommerspiele in Rio de Janeiro vorbei, leider hat vieles nichts mehr mit dem sportlichen Gedanken zu tun, es geht um Geld, Geld, Geld, also Profit. Eine traurige Nachricht, die die Welt bewegt hat, mehr oder weniger, ein deutscher junger Kanu-Trainer ist bei einem unverschuldeten Taxi-Unfall in Rio zu Tode gekommen. Wenn ich bei aller Skepsis den Medien gegenüber es richtig verstanden habe, sind dem tödlich Verunglückten mit Einverständnis der Angehörigen Organe entnommen worden zur Transplantation. Ein Herz, eine Leber und zwei Nieren haben möglicherweise vier Menschenleben, die dringend auf ein Organ warteten, gerettet und sie wieder lebenswert gemacht. Ich selbst kann in meiner derzeitigen Situation gar nicht sagen, welche Hochachtung ich vor diesen Mitmenschen/Angehörigen habe, die sich zu dieser Entscheidung durchgerungen haben. Allergrößten Respekt, ich würde sie gern in die Arme nehmen und einfach nur Danke sagen wollen.

TÖTUNGSDELIKTE

Einsatzstichwort: „Atemnot". Beim Betreten der Wohnung zumindest der Geruch nach frischer Farbe, der Mundgeruch des Anrufers spricht eine andere Sprache – Dienstagmorgen gegen 9 Uhr – er ist sternhagelvoll. Aber er kriegt keine Luft, meint er, stolpert ins Wohnzimmer und haucht: „Kommmtrrreein." Nachdem er Platz genommen hat (auf dem Fußboden ein Heer von Schnaps- und Bierflaschen, uns wurde nichts angeboten), möchte ich gern die Vitalwerte prüfen, um das Ganze etwas abzukürzen, ich weiß, wir sind wieder einmal umsonst unterwegs. Alles okay, ich verabschiede mich von ihm und sage: „Alles okay, schlaf dich mal richtig aus und mach was aus deiner neuen Wohnung. Intuitiv schlage ich aber die auf dem Sofa liegende IKEA-Decke zurück, um ihm ein Schlafparadies auf dem kurzen Dienstweg zu ermöglichen, was aber ist das? Eine Wolke unangenehmsten Geruches steigt mir sofort in die Nase und ich muss wirklich fast kotzen, obwohl wir so manches gewohnt sind. Da liegt bäuchlings eingerollt in diese Decke, eine junge Frau, das Gesicht ist platt gedrückt und Sekrete laufen aus den Körperöffnungen des Gesichtes, ein schauerlicher Anblick. Die Polizei hatte ja schon die Wohnung geöffnet, Kripo muss her und zwar schnell. Als ich den Patienten frage, wer das sei: seine Freundin. „Wann hast du denn zuletzt mit ihr gesprochen?", frage ich. „Na, bei, Wetten dass" – das war am Samstagabend, jetzt haben wir Dienstagmorgen, nun, er sprach auch bestimmt nicht von der Wiederholungssendung in dieser gerade angefangenen Woche. Für uns ist der Einsatz aber wirklich beendet. Später erfahre ich, er ist wegen Mordes zu lebenslänglicher Haft verurteilt worden. Richtig so.

KURIOSUM 5

In B. (Niedersachsen) lebt „Knöllchen-Horst". Das Hobby des Frührentners: Mitmenschen wegen Ordnungswidrigkeiten anzeigen. Seit 2004 hat er laut Kreisverwaltung 20.000 Anzeigen erstattet. In seiner Sammelanzeige vom 17. August 2008 beanstandet „Knöllchen-Horst" nun das „behindernde Parken" eines Rettungshubschraubers im Ort H. – und das auch noch im eingeschränkten Halteverbot. Das Beweisfoto des selbst ernannten Ordnungshüters zeigt eine Maschine der DRF, wegen der die Polizei eine Straße sperren musste. Weil die Anzeige bundesweit für Aufmerksamkeit sorgte, erklärte „Knöllchen-Horst" zwischenzeitlich, dass es sich bei seiner Anzeige um einen Scherz gehandelt habe.

TOD

Eigentlich geht es aber um etwas anderes – ein Phänomen, das ich bisher immer für mich behalten habe, aber heute haben wir im kleinen Team darüber gesprochen, aus aktuellem Anlass. Auch in unseren Reihen gibt es natürlich private Schicksalsschläge und wenn wir darüber reden, stellt sich immer wieder heraus, dass gerade der Umgang damit schwer für uns persönlich ist. Fast bin ich froh, dass es offenbar nicht nur mir so geht. Wir alle sind „rund um die Uhr" für andere da, an Wochenenden, Feiertagen, Weihnachten und Silvester, nicht selten verbunden mit der Dienstplangestaltung gibt es private „Imbalancen" und man steht zwischen „Baum und Borke". Ich habe selbst lange gebraucht, die Rede nach dem Tod meines Vaters zu halten, bei Verwandten, Freunden und Bekannten war es nicht viel anders. Der Umgang im Beruf mit dem Tod hat mich oft beschäftigt, ich habe in Gedanken mal recherchiert und versucht, wie viele Tote ich in meinem beruflichen Leben bereits erlebt habe – ich denke, bei mir käme inzwischen eine vierstellige Zahl zusammen. Ich selbst habe gerade aus eigenem Interesse einen Tag mit einem Rechtsmediziner in einem Krematorium zugebracht, ihm bei seiner Arbeit zugeschaut und die Abläufe dort kennengelernt. Ich kann nur feststellen, jeder Medizinstudent sollte während seines Studiums einen „Ausflug" in solch eine Institution nachweisen müssen.

Ich kann auch im Beruflichen professionell damit umgehen, ich habe es schon als Hilfskrankenpfleger gelernt. Aber im Privaten ist es eben anders. Gerade bei bevorstehenden Jahresrückblicken merkt man oft, wer in diesem Jahr alles gegangen ist, an vieles kann man sich schon gar nicht mehr erinnern. Die Zeit wird immer schneller – eine Alterserscheinung oder eine Erscheinung dieser immer kranker werdenden Welt? Einfach weniger von außen beeinflussen lassen von all dem Mist, der tagtäglich über uns in den Medien ausgeschüttet wird. Sogenannte „Verdienste" von vermeintlichen „Superstars" in Sport, Film und Fernsehen, fürchterlich geliftet aussehende Menschen, Korruption und Werteverfall machen sich immer mehr breit.

UNFÄLLE MIT RETTUNGSDIENST-KFZ

Nichts erschüttert einen so, wie wenn er von verunfallten Kollegen erfährt, egal ob im Dienst oder anderweitig. In der Notfall- und Rettungsmedizin zählen oft Minuten, die über Leben oder Tod entscheiden können. Und wir sind oft schnell unterwegs, ich sitze seit 20 Jahren in Einsatzfahrzeugen, was einem auf den Straßen begegnet, ist oft unbeschreiblich. Manchmal hat man den Eindruck, der Führerschein vieler Fahrzeugführer wurde auf der Kirmes gewonnen. Nur drei Beispiele von Phänomenen, die von uns leider fast täglich beobachtet werden. Anhalten auf gleicher Höhe, damit wird uns der Weg versperrt, Bremsvorgänge sind unvermeidlich und für die Patienten nicht einfach zu kompensieren. Vor Berghängen wird prinzipiell das Tempo vermindert, da können Einsatzfahrzeuge aber nicht überholen, da keine Übersicht über den Gegenverkehr besteht. Keine Gewährleistung von Rettungsgassen oder Ignoranz von Sonderrechten. Und dann passiert es eben, Kollegen und Patienten kommen zu Schaden, auch tödliche Ausgänge sind zu beklagen. Umso perverser der neueste Trend, während die Kollegen bei Patienten sind, werden mal die Reifen des RTW zerstochen oder die Radmuttern gelockert. Gerade jetzt in aller Munde – die Bildung der Rettungsgassen auf Autobahnen. Da gibt es eine Spezies, die sogar in diesen Bereichen wendet und entgegengesetzt dem Verkehr die nächste Ausfahrt anstrebt. Herr Justizminister in diesem Land, wann wollen Sie endlich diesen Wahnsinn mit Höchststrafen ahnden, sodass es diesen „Kraft-Fahrern" richtig wehtut?

Bild 64: Verunfalltes NEF (Quelle: privat)

Bild 65: Unfall RTW (Quelle: privat)

UNGLAUBLICHES

Dennoch sehen wir um uns herum, und zwar weltweit, diese Verrücktheit, immer weiter, höher, schneller, kein Kick ist gut genug, um irgendwas zu beweisen, ja wem denn nur? Wem auch immer. Nur die Natur lässt sich eben nicht überlisten, auch wenn manch 70- bis 80-Jähriger meint, er müsse jetzt noch Berge bezwingen oder in Höhlen steigen. Von dem jugendlichen Wahnsinn, der durch Medien natürlich in jedweder Form noch angestachelt und aufgeheizt wird, ganz zu schweigen. Ich kenne inzwischen so einige Trends der „Szene“ aus den letzten Jahren. Ob S-Bahn-Surfen, Klettern auf Strommasten, um Selfies zu machen, in die absolute Nähe von möglichst großen Schiffsschrauben zu schwimmen oder der Suizid in abgeklebten Wohnungen durch Grillöfen (aus Japan kommend), „Kleber-Schnüffeln“ bis zum wirklichen Umfallen, Genuss von Pilzen mit halluzinogener Wirkung, nichts ist mehr fremd. Gerade habe ich von einer „neuen Idee“ erfahren, die auch praktiziert wird! Junge Mädchen nehmen sich Teebeutel, tränken sie in irgendeinen Billigfusel und führen sich das Ganze dann vaginal ein. Zwei angebliche Vorteile: Durch die schnelle Resorption ist man eben schnell besoffen und kann sogar „Auto fahren ohne Fahne“.

Man glaubt es kaum, da stehen Menschen in der Natur oder auf dem Balkon und haben besonders starke Laserpointer in der Hand – sie blenden damit Piloten von (Rettungs-)Hubschraubern, Verkehrsflugzeugen, Polizei oder anderen Einsatzkräfte, was geht in solchen hirnlosen Kreaturen vor sich, reichen nicht die völlig sinnlosen und krank machenden Videospiele, die angeblich nicht zu Aggressionen, Vereinsamung und Amokläufen führen?

Ich finde fast keine Worte dafür, auch hier wieder, wo bleiben abschreckende Gerichtsurteile, die auf Titelseiten von Zeitungen gehören?

Und wenn sich irgendeine noch so pathologisch und völlig unverständliche Situation aus allen Lebensbereichen irgendwie vermarkten lässt, stürzen sich die Medien darauf, ob Zeitungsartikel, Spots im TV bis hin zu ganzen Filmen, wenn sie denn reißerisch genug sind, alles wird vermarktet, wenn’s nur Profit bringt. Und der sensationsgeile Mensch aus allen Schichten schaut sich diesen Schwachsinn an. Es gibt keine Grenzen, Werte oder Tabus mehr – wie krank ist das alles? Natürlich waren wir auch keine Mauerblümchen in unserer Jugend, ich kann ein Lied davon singen, viel Blödsinn haben wir angestellt, wie eben Generationen auch vor uns, aber diese pathologischen Züge hat es nicht gegeben. Ich habe auch oft in den letzten Jahren darüber nachgedacht, auch wir waren in manchen Dingen unbedacht und heute weiß ich selbst, dass nicht aus manch unüberlegter Torheit mehr passiert ist. Glück gehabt?

UMGANG MIT DEMENTEN UND TUMOR- ODER KARZINOM-PATIENTEN

Der Umgang mit solchen Patienten ist oft nicht einfach, ich habe großen Respekt vor Angehörigen oder Mitarbeitern der Palliativmedizin, die sich tagein, tagaus mit diesen Patienten beschäftigen, und diesen Menschen gebührt ein freundliches Wort der Anerkennung und Verständnis für manche Verzweiflung, in der wir gerufen werden. Auch gebührt diesen Patienten ein würdevoller und menschlicher Umgang, ein wenig mehr Zuwendung als sonst empfinden sie als sehr wohltuend. Ich habe mir unter anderem angewöhnt, gerade bei der Mitnahme von älteren Patienten, die Zeit zum Abschiednehmen von Ehepartnern, Kindern oder anderen Angehörigen einzuräumen, man weiß ja nie …

Fall 1: Ein spannender Tag, der vor uns liegt, nur weiß man es eben vorher nicht. Gleich nach dem Frühstück geht es los. Ein Mann, der eine wirklich fulminante Lungenarterienembolie nach Lysetherapie überhaupt lebend überstanden hat, lange auf der ITS in P. lag, dann nach L. in die Reha-Klinik kam, wird uns nun beschäftigen. Insgesamt sieben Monate Klinikaufenthalt und dem Tod sicher mehrfach „von der Schippe gesprungen“ (nach Langzeitbeatmung mit Trachealkanüle, Sepsis, Multiorganversagen (MOV) und hoher Keimbelastung). Durch diese multiplen Thrombosen, mir wird fast schlecht, in welchen Gefäßen sich Thromben laut Epikrise gebildet hatten. Nach sieben Monaten ist dieser unglückliche Mensch wieder zu Hause, nur die Mutter ist im Haushalt, beide leben auf einem Gehöft, fast von jeglicher Zivilisation abgeschnitten. Die bewundernswerte alte Dame steht auf einem Feld und winkt, wie im Krieg, mit einem Bettlaken, damit wir sie erkennen können. So wurde sie von der Pflegeschwester instruiert und ich kann beiden nur mit viel Lob danken, wie sie sich in dieser Situation verhalten haben, und sie nehmen den Dank gern entgegen. Der arme Mann, unter Falithrom stehend, ist vor einigen Tagen im Bad gestürzt und es hat offensichtlich massiv in den linken Arm eingeblutet, der Arm ist fest, wie ein Brett, ein derbes Hämatom ist sichtbar. Wir bringen den Patienten nach N., die Kollegen werden sich drum kümmern. Der Christoph 48 steht bereits dort auf dem Platz und wir gehen daneben runter, ein Steppke nebst Papa freut sich, gleich zwei solcher gelben Hubschrauber mit Start und Landung erleben zu können, also gibt es noch ein paar Fotos, das glückliche Gesicht eines Jungen von vielleicht fünf Jahren ist einfach schön.

Fall 2: Zwischendurch zwei Einsätze, die nicht spektakulär sind, aber dann kommt die Einsatz-Meldung – auf einem Feld, für den RTW nicht erreichbar. Mehr wissen wir nicht. Unterwegs erhalten wir die Info, „Patientin wird durch bodengebundenen Notarzt bereits reanimiert, der RTW kann die Einsatzstelle aber nicht anfahren." Als wir eintreffen, stellt sich die Situation folgendermaßen dar: Patientin leblos in Pkw sitzend, wurde von einem Förster entdeckt. Nachdem die Polizeibeamten die Scheiben des Fahrzeugs eingeschlagen haben, wird sie vom Notarzt reanimiert. Unschwer auszumachen, dass diese Maßnahmen nicht erfolgreich sein werden. Die Patientin zeigt sichere Todeszeichen. Im Fahrzeug mehrere leere Schnapsflaschen. Es sind bereits Ehemann und Kinder vor Ort, die angeben, dass die Mutti bereits vor zwei Tagen von ihnen als vermisst gemeldet wurde. Sie hat eine über Jahre dauernde Krebserkrankung hinter sich, bisher 16 frustrane Operationen bei Kehlkopfkrebs, Chemotherapien und Bestrahlungen – das ganze Programm. Dazu der über Jahre bestehende chronische Alkohol-Missbrauch. „Sie wollte schon längst nicht mehr leben", versichert mir glaubhaft die geschockte Tochter. Ich wende mich dem notärztlichen Kollegen zu und schlage vor, die Reanimationsmaßnahmen nun zu beenden. Dankbar und sichtlich erleichtert schaut er mich an und fragt, ob wir das gemeinsam entscheiden, und bewundert meine Ruhe in dieser Situation. Ich bestätige ihm dies, ohne mich weiter in diesen Einsatz einmischen zu wollen. Er erzählt mir, es sei erst sein achter Notarzteinsatz und natürlich wollte er nichts verkehrt machen. Genau das sind solche Momente, wo man nicht aus der Luft angeschwebt kommen darf und arrogant einen Kollegen vor den eigenen Mitarbeitern und gar Angehörigen kritisieren soll und darf, sondern mit Feingefühl eine solche Lage beurteilen sollte. Das nächste Mal wird dieser Kollege anders entscheiden und das ist völlig in Ordnung.

Fall 3: Nun mache ich nochmals einen Ausflug in die Bodenrettung, vielleicht vor drei Wochen wurde ich zu einem krampfenden Kind, zehn Jahre alt, gerufen, die Mutti hatte es schon sediert und der Junge schlief ganz ruhig, als wir ankamen. Die Anamnese ergab ein inoperables Glioblastom, keine Chance auf Heilung, therapeutisch ausgereizt, die Familie ist aufgeklärt. Wir haben ihn nach N. gebracht, auch das Ganze eine lange Geschichte, auf die ich nicht eingehen möchte. Drei Tage später, morgens, aus dem Schlaf gerissen, erscheint wieder diese Adresse. Bewusstloses Kind. Der RTW ist vor uns da und findet ein lebloses Kind vor, als ich mit dem NEF eintreffe. Die Jungs wollen gerade anfangen zu reanimieren und ich sage STOP. Die Mutti hatte ihm nachts um zwei noch etwas zu trinken gebracht, morgens fand sie ihn nicht ansprechbar und hat wieder angerufen. Ich sehe die Totenfleckenausbildung, keine weiteren Reanimationsmaßnahmen jetzt mehr, entscheide ich. Und ich muss es in diesem Moment tun, keiner hilft mir dabei. Das Geschrei ist groß, alle rennen durcheinander, wenn es trotz allen Wissens dann doch so weit ist – eine andere Situation. Nicht zuletzt muss ich mich selbst vor emotionalen Ausbrüchen schützen, analysiere alles und mache meine Arbeit, schreibe die Papiere und versuche, auch das andere nicht zu kurz kommen zu lassen. Die schreiende Mutti, die weinende Schwester, die Oma in den Arm zu nehmen, zu drücken, deeskalierend zu wirken, weil ich weiß, wie die Familienverhältnisse offenbar sind. Von zu Hause schreibe ich an die Familie eine schöne Karte und drücke mein Mitgefühl aus. Und jetzt zu Pfingsten habe ich morgens ganz in der Nähe, nur eine Straße weiter, einen Einsatz, ich muss die Patientin aber nicht begleiten, da vertrau ich auf die Jungs des RTW. Es lässt mir aber keine Ruhe, ich bitte meinen RA, an dem Grundstück zu halten, weil ich wissen möchte, ob die Beerdigung gut abgelaufen ist. Mein RA rät mir ab, „was willst du da?“ Das ist auch okay und ich verstehe, dass er nicht mitkommen will. Ich bin froh, dass ich mich so entschieden habe, die Familie ist zur Ruhe gekommen, die Beerdigung ohne Zwischenfälle, der Dank für die Karte und dass ich mich noch mal hab sehen lassen. Alle können damit abschließen – und das ist gut so.

Bild 66: Erektionshilfe für Penis (Quelle: privat)

VERKEHRSUNFALL MIT KINDERN

Fall 1: Ich sage es gleich voraus, es wird ein schlimmer Tag, einer meiner bisher schlimmsten wohl im aktiven Rettungsdienst. Wir werden gleich nach dem Frühstück zu einem VKU gerufen und es bietet sich uns ein Horrorszenario. Eine junge Frau (38) aus Holland macht früh von einem Geburtstag kommend einen Spaziergang mit ihrem achtjährigen Sohn und mit einem Säugling einer befreundeten Familie. Sie laufen eine Landstraße entlang. Auf der falschen Seite, sodass sie den Verkehr im Rücken haben. Rechts und links Wald, mal Schatten abwechselnd mit gleißender Sonne zwischendurch. Ein Transporter kommt von hinten, sieht die Passanten nicht und fährt ungebremst auf sie zu. Er erfasst sie, schleudert sie in den Wald, die drei Personen liegen etwa 30 Meter voneinander verstreut. Die junge Frau ist sofort tot, liegt da, wie eine Gummipuppe. Der Säugling sitzt noch im Wagen. Der Junge zeigt eine Schnappatmung, die Extremitäten, zum Teil offen, sind verdreht und die Pupillen lichtstarr und weit. Einen Puls kann ich fühlen, ein Blutdruck lässt sich nicht messen. Wir verbringen ihn vorsichtig in den RTW, inzwischen trifft mit dem NEF eine mir bekannte Notärztin ein und kümmert sich um den Säugling. Es ist äußerst schwierig, die Personen zuzuordnen, das gelingt erst wesentlich später. Der Junge wird intubiert und beatmet und weiter versorgt. Wir bekommen grünes Licht aus S., sie nehmen den Patienten auf. Ich versuche mich inzwischen draußen nochmal zu orientieren, schaue mir den Transporterfahrer an, er sitzt mit weichen Knien bereits im Streifenwagen, verletzt ist er nicht. Kurze Absprache mit der Kollegin – einen Moment des Innehaltens, wir halten uns eine bis zwei Minuten an den Händen und Armen fest und tauschen Blicke aus, ohne Worte. Später zeigt sich, dass uns dieser Moment Kraft und Hilfe gegeben hat. Wir fliegen den Jungen nach S., jetzt wenigstens mit einem messbaren Blutdruck (53/25 mmHg). Wir werden sehr freundlich und kollegial im Klinikum empfangen, der Chefarzt kommt direkt zum Hubschrauber und lässt sich erste Informationen von mir geben. Ich bin heilfroh, als wir auf der ITS ankommen, die Pupillen zeigen ein unverändertes Bild. Das etwa zwei Stunden nach dem Unfall – keine gute Prognose. Nach vier Stunden rufe ich an, Leber- und Milzruptur, ein ausgeprägtes Hirnödem, multiple Frakturen, er wird laparotomiert – keine Überlebenschance. Die ersten Überlegungen gehen in Richtung Organspende, inzwischen weiß man, dass beide Eltern im Besitz eines Organspende-Ausweises sind und der Vater Einverständnis signalisiert hat. Nach zwei weiteren Stunden scheint diese Überlegung fast verworfen, der Chefarzt negiert inzwischen jegliche Chancen aus medizinischer Sicht. Fast „kurios", morgen ist Tag der Organspende, höre ich später im Radio. Der Vater ist in Anfahrt zur ITS, deshalb will ich nun nicht weiter stören, aber wir brauchen doch noch einige persönliche Angaben zu dem Jungen. Er hat keine Überlebenschance. Ich telefoniere mit der Kollegin, sie hatte genau zu diesem Zeitpunkt den gleichen Gedanken, mich anzurufen. Von ihr erfahre ich Weiteres. Der Säugling wurde vom Christoph 34, aus G. kommend, versorgt. Zufällig und glücklicherweise war der Doktor ein Kinderanästhesist aus Rostock. Er hat den Säugling für den Transport mit einiger Mühe intubiert, ich hätte es nicht tun wollen. Inzwischen steht fest, er hat ein Schädelhirntrauma und eine Oberschenkelfraktur. Offensichtlich hat er einen Schutzengel gehabt, anders ausgedrückt, die junge tote Frau und der Junge haben offensichtlich wie ein Prellbock gewirkt. Dann ist das Kindchen weit, aber weich auf dem Waldboden gelandet. Ich habe mir vor Jahren vorgenommen, wenn eine solche Situation mich erreicht, denke ich darüber nach, ob ich diesen Job weitermache. Muss aber feststellen, dass mir noch vor Ort diese Gedanken einschossen, und die Entscheidung war glasklar. Natürlich mache ich weiter. Wer, wenn nicht wir, mit unseren Erfahrungen, auch wenn es uns jedes Mal hart trifft. Abgesehen davon, hätte ich früher nie gedacht, dass dies mal meine „Mission“ sein wird! Noch auf dem Rückflug, in Gedanken bei diesem dramatischen Ereignis, erreicht uns der nächste Alarm. Pkw gegen Baum, drei Personen eingeklemmt, die nächste Horror-Version? Zum Glück kommt kurz vor der Landung Entwarnung, der Notarzt vor Ort hat eine leicht verletzte Person versorgt und begleitet sie.

Wir fliegen zurück, kaum die Schuhe aus, das T-Shirt mal durchgelüftet, Pieper schrillt. Ein Leitersturz in einem umliegenden Dorf. Der Mann hat sich das Sprunggelenk verletzt, der Fuß steht disloziert. Wir reponieren und schienen vorsichtig nach Schmerzmittelgabe. Noch beim Schreiben des Protokolls kommt eine Anfrage von der Leitstelle, ob ich abkömmlich bin – ein Motorradfahrer ist verunglückt, also los, auch noch dorthin. Schon von oben sehe ich, der Biker liegt bäuchlings auf dem Asphalt, wir landen und eilen hin. Eine Blutlache vor dem Gesicht, nach kurzer Inspektion sehe ich, es ist wohl weniger schlimm, viel Blut heißt nicht immer viel kaputt. Wir versorgen ihn und er kann per RTW ins nächste Krankenhaus transportiert werden. Vielleicht ist neben einer Risswunde noch das Nasenbein gebrochen, aber was ist das gegen die Erlebnisse noch vor wenigen Stunden? Letztendlich haben wir innerhalb von fünf Stunden vier Einsätze gehabt, der Adrenalinspiegel könnte eigentlich langsam wieder sinken.

Inzwischen habe ich mit drei Kollegen unterschiedlichster Fachrichtungen telefoniert, man will auch etwas loswerden und der Zuspruch tut gut, mehr hätte ich gerade für diesen Jungen nicht tun können, auch wenn man sich immer fragt, hat man alles getan?

Ich versuche etwas zu schlafen, aber es gelingt mir einfach nicht, die Bilder laufen immer wieder vorbei. Also versuche ich, an meinem Buch weiterzuarbeiten, konzentriere mich darauf, mit Erfolg, und so vergeht auch die Zeit zum Glück. Abends kurz vor Feierabend schrillt wieder der Pieper, es ist recht schnell abgearbeitet, eine „Reklamation“, der Patient ist gestern erst aus dem Krankenhaus entlassen worden und nun sitzt er wieder apathisch im Sessel. Also zurück ins Krankenhaus. Genau um 21:30 Uhr landen wir auf der Basis und jetzt melden wir uns endlich ab, ich habe es seit mittags herbeigewünscht. Dank an den Piloten für die sicheren Flüge, dann auch an meinen HCM D., die Frage nach Kritik an den Einsätzen. Auch das ist für mich wichtig, die Reflexionen nehme ich gern an. Und die Reaktion, „hat Spaß gemacht (wenn man das nach einem solchen Tag sagen kann) mit dir, es ist alles ruhig abgelaufen und alles andere muss seinen Lauf nehmen“, beruhigt und freut mich sehr und ich gebe den Dank gern zurück. Mehr konnten wir einfach nicht tun, die Pflicht, meinen Job zu machen, habe ich erfüllt, auch wenn ich dann auf der Heimfahrt wieder darüber nachdenke: „Hast du wirklich alles getan?“

Sonntag. Dank eines guten Whiskys habe ich gut geschlafen, dennoch merke ich, die Bilder des gestrigen Tages gehen mir nicht aus dem Kopf. Ich finde keine Ruhe, also beschäftige ich mich den ganzen Tag in Garten und Haushalt. Irgendwann kommt mir die Idee, mich doch an einen Psychologen zu wenden, vielleicht ist eine Aufarbeitung auf diese Art und Weise nützlich. Irgendwann habe ich während meines Aufenthaltes im Bergmann-Klinikum P. eine Psychologin auf der Kinder-ITS getroffen, sie war mir sympathisch, also werde ich morgen Chr. (dortiger Oberarzt) anrufen und fragen, ob eine Konsultation machbar ist. Nach einigen Telefonaten heute habe ich erfahren, dass der kleine Junge tot ist. Es fällt mir schwer, damit umzugehen, Tränen fließen bei mir, wofür ich mich nicht schäme, es muss einfach raus. Wenn ich an einem solchen schönen Sommertag die Kinder hier rufen höre und wie sie sich vergnügen, denke ich, warum ist es diesem kleinen holländischen Jungen nicht vergönnt?, frage ich mich immer wieder. Es nutzt alles nichts, wir machen weiter, trotz aller Frustrationen. Einer muss es ja tun. Soeben nach einem Telefonat mit der Basis erfahre ich, auch K. hatte einen Kindernotfall. Nach gestrigem Grillen ist wohl ein zweijähriges Kind heute in die Restasche gelaufen und hat sich Verbrennungen zugezogen. Sie haben das Kind nach L. ins Brandverletztenzentrum geflogen.

In der Nacht setze ich mich an den Schreibtisch und schreibe, nicht leichtfallend, einen Brief an den Ehemann und Vater der beiden Unfallopfer in Holland. Ich kenne ihn zwar nicht, aber für mich ist es auch eine Art Bewältigung der Situation, in der ich zumindest so viel Trost zu spenden versuche, dass ich versichere, seit meinem Behandlungsbeginn hat der Junge wenigstens keine Schmerzen mehr erleiden müssen. Danach fühle ich mich besser.

Am Montag bin ich auf der Kinder-ITS in P., Chr. hört mir aufmerksam zu und kann sicher mit am besten verstehen, wie ich mich fühle. Aus diesem Gespräch nehme ich mit, dass ich mir keine Vorwürfe machen muss, etwas nicht getan oder falsch gemacht zu haben. Und das beruhigt mich ungemein. Alles andere musste dann eben seinen Lauf nehmen und wir werden solche Ereignisse nie verhindern können, auch wenn wir, gerade mit dem Hubschrauber alarmiert, manchmal vielleicht die „letzte Instanz zwischen Erde und Himmel“ sind.

Fall 2: Pieper schrillt – VKU auf der BAB 24 Höhe N., ein überschlagener Pkw, keine weiteren Angaben, na prima. Im Anflug hören wir bereits, die BAB ist für unsere Landung komplett in Richtung Berlin gesperrt. Drei verletzte Personen, darunter ein Kleinkind!!! Ich bin schon wieder bedient, aber was soll's, an Kindernotfälle wird man sich wohl nie gewöhnen können. Im Anflug sehe ich die Unfallstelle unter mir, Schleuderspuren von der Mittelleitplanke über die Fahrbahn in die rechte Leitplanke und der Pkw liegt mit Totalschaden auf dem Dach, inzwischen bereits durch Feuerwehrfahrzeuge abgesichert. Neben dem Fahrzeug sehe ich bereits einen Kinderwagen. Wir gehen runter, die Familie mit ihrem 15 Monate alten Kindlein sitzt in dem bereits vorhandenen RTW. Wie durch ein Wunder sind alle drei bis auf wenige Abschürfungen unverletzt – unglaublich. Sekundenschlaf des Fahrers war die Unfallursache, die Airbags sind nicht aufgegangen und dann solch ein Glück. 1. dass sie nicht durch den Unfall selbst verletzt wurden, 2. dass sie nicht durch den nachfolgenden Verkehr bei erlaubten 120 km/h erfasst wurden, und 3., dass sie nach eigener Befreiung aus dem Pkw nicht zu Schaden gekommen sind. Offensichtlich doch einen Glücksengel gehabt – ich fordere einen weiteren RTW nach – unseren Gelben Engel schicke ich nach N., wohin ich mit beiden RTWs mit Sonderrechten folge. Der Schockraum im Klinikum ist voll, die Traumatologen haben gerade einen schweren Motorradunfall reinbekommen und kämpfen um das Leben der beiden Biker. Ich übergebe die Patienten an die Kinderärztin und den Chirurgen, der kleine Junge schaut mit großen Augen um sich, so viele neue Bekanntschaften hatte er wohl heute nicht erwartet. Wir fliegen zurück.

Bild 67: VKU auf Autobahn (Quelle: privat)

Fall 3: Am Nachmittag wieder VKU in Richtung W., alle Rettungskräfte nebst Feuerwehr eilen in die angegebene Richtung W., aber auch aus der Luft ist kein Unfallereignis auszumachen. Auf Nachfrage bei der Leitstelle erhalten wir eine Korrektur des Einsatzortes, am Ortsausgang P. hat sich der VKU ereignet, also drehen wir wieder um und dann sehe ich aus der Luft schon das Drama. Ein Lkw mit Hänger und darauf befindlichem Bagger hat einen Pkw seitlich voll erfasst und zertrümmert. Für die Insassen, ein älteres Ehepaar, kommt jede Hilfe zu spät, wir können nichts mehr für sie tun, beide waren sofort tot. Allerdings durch eigenes Verschulden, sie wollten auf einem Zubringer wenden und wurden vom Lkw erfasst, der Fahrer hatte keine Chance auszuweichen. Die Sonne brennt unerbittlich und das Besetzen des Hubschraubers ist keine Freude bei diesen Temperaturen.

Fall 4: Heute ist das Wetter sehr schlecht und wie kann es anders sein, der Pieper schrillt – schwerer VKU auf der BAB 24 mit eingeklemmter Person. Es gießt, als wäre Monsunzeit. Pilot M. meint schon, „wer weiß, ob wir überhaupt bis in Höhe M. kommen." Aber wir schaffen es und im Anflug zumindest kann ich mir von oben nicht so ganz vorstellen, was da wirklich passiert ist. Ein silberfarbener Pkw steht in einem Maisfeld, etwa 30 Meter von der Autobahn entfernt, zwischen Autobahn und Maisfeld sind ein Graben und hohe Sträucher, der Pkw muss also schon davor abgehoben und ein ganzes Stück geflogen sein, im wahrsten Sinne des Wortes. Der Verkehr rollt noch, M. kann nicht auf der Autobahn landen, die Gefahr, dass Fahrzeuge in unseren Hubschrauber fahren, ist einfach zu groß. Also wählt er ein großes Maisfeld aus, in dem auch der verunfallte Pkw zu sehen ist, und er landet etwa 40 Meter davon entfernt. Ich springe aus dem Hubi und lande sogleich im Schlamm, kämpfe mich bis zum Unfallwagen vor und bei der Ankunft dort bin ich bereits quatschdurch, den einzigen Schutz bietet ein wenig mein Basecap. Zunächst waren wir von einer verletzten beziehungsweise eingeklemmten Person ausgegangen, aber circa 15 Meter vom Pkw entfernt liegt ein junges Mädchen in dem peitschenden Regen, die Fahrerin sitzt auf dem Beifahrersitz, sie sieht nicht gut aus, luftnötig und graublass. Meine Protokollmappe ist bereits wie ein Schwamm. Noch ist die Fahrerin relativ stabil, ansprechbar und kann Angaben zum Unfall machen, also weise ich die eintreffenden Feuerwehrkameraden an, das hübsche, mit Make-up verschmierte Mädchen zu schützen und in den ersten RTW zu verbringen. Meinen HCM weise ich an, bei der Fahrerin zu bleiben, wir müssen auf den nächsten RTW warten, sie sitzt ja wenigstens in dem Unfallauto regengeschützt, auf jeden Fall soll er mich von einer eventuellen Verschlechterung sofort unterrichten. Ich untersuche und behandele die junge Frau, dann kommt der zweite RTW, und mit viel Aufwand bugsieren wir die korpulente Dame durch den nassen „Urwald“ bis zum Rettungswagen. Analgosedierung und körperliche Untersuchung folgen. Nun kommen plötzlich Feuerwehrleute und erzählen mir, eine weitere junge Frau befinde sich in einem Einsatzfahrzeug der Feuerwehr und klage nun über Schmerzen in der Wirbelsäule. Ich hab den Kopf voll mit den anderen zwei Patientinnen, fordere einen weiteren Notarzt und RTW nach, die auch bald eintreffen. Vorher habe ich mir die dritte Patientin noch angeschaut und untersucht, der bodengebundene Kollege muss sie nur noch übernehmen. Sie ist aber gut drauf, aber vorgestellt werden muss sie auch in der Klinik in P. Inzwischen ist die Autobahn gesperrt und M. hat den Hubschrauber auf die rechte Fahrbahn geparkt, wir lagern diese Patientin vom RTW um und wie immer verschlechtert sich der Zustand merklich, warum hab ich sie eigentlich nicht intubiert? Immer wieder erlebe ich, dass gerade solche Umlagerungsmanöver von kritisch kranken Patienten ein offenbar hoher Stressfaktor für die Patienten sind und man dies an den entsprechenden Parametern sehen kann. Wir fahren im Konvoi die beiden Patientinnen nach N., wo wir kollegial empfangen werden und die Übergabe ohne Probleme abläuft. Die ersten Aktionen auf der Basis in P. sind der komplette Garderobenwechsel und ein heißer Tee. Es bleibt bei diesem aufregenden und aufreibenden Einsatz an diesem Tag.

Bild 68: VKU Pkw gegen Baum (Quelle: privat)

Bild 69: VKU Pkw/Sattelzug (Quelle: privat)

Bild 70: VKU Pkw Drogen? (Quelle: privat)

Bild 71: VKU Pkw Landstraße (Quelle: privat)

VERKEHRSUNFALL – KENNE ICH DIE INSASSEN?

Fall 1: Zunächst machen wir über den Tag einige Einsätze, nichts Spektakuläres, aber aus der Nachmittagsruhe herausgerufen erklingt der Pieper – VKU, zwei LKW auf der Bundesstraße P. Richtung K. – das heißt wohl nichts Gutes, zumal es noch keine weiteren Informationen gibt. Wir heben ab und im Flug sehe ich schon unter uns ein NEF, RTWs, Feuerwehren in diese Richtung fahren und ich ahne Schlimmes. Noch kann sich Pilot J. nicht richtig entscheiden, wo er runtergeht, erster Landeplatz erscheint zu weit weg, er setzt um, das heißt für mich weitere Ungewissheit, was jetzt wohl auf uns zukommt. Ich ahne aber aus dem Blick der Luft schon das Drama, es ist der Horror, ich vermute mindestens zwei Tote aus der Luft zu sehen, die in oder außerhalb ihrer Fahrzeuge sind. Aber in diesem über lange Strecke (circa 200 bis 300 Meter) befindlichen Unfallgeschehen fällt mir eines ganz besonders ins Auge – ein weißer Kombi steht mitten in dem gesamten Unfallgeschehen, ich sehe einen Lkw am Baum, weit dahinter einen Transporter quer stehend auf der Fahrbahn, dazwischen den weißen Kombi und hinter dem Transporter einen Sattelzug, der offensichtlich durch ein Bremsmanöver seine Ladung Holz verloren hat, was natürlich auch nicht sein dürfte, aber solche Sachen stehen in den nächsten Stunden nicht im Fokus unserer Arbeit, wir haben anderes und schwierig Abzuarbeitendes vor uns.

Beim Anblick des weißen Kombis hab ich schon unvorstellbare Gedanken gehabt, auch wenn noch nicht klar war, was überhaupt passiert ist. Aber es ist der Heimweg von K. (unserer Leitenden Hubschrauberärztin), den sie täglich fährt, und es wären sicher nur wenige Kilometer gewesen, um zu Hause anzukommen. Kein Unbeteiligter kann sich vorstellen, wenn auch in unserem Job, wo wir natürlich immer für andere da sind, was es bedeutet, wenn möglicherweise Familienangehörige, Bekannte, Verwandte oder gar Kollegen in ein Szenario verwickelt sind, zu dem wir kommen. Natürlich wusste ich, dass K. an diesem Tag nicht im Dienst war, aber sie hätte ja trotzdem gerade zu dieser Zeit von irgendwoher kommend auf dem Heimweg sein können. Als ich dieses Horrorszenario auf der Straße sah, fing ich diesen Blick ein – Momentaufnahme, die Ringe eines Audi, sorry, aber es fiel mir ein Stein vom Herzen, es sind Bruchteile von Sekunden, in denen wir so was beobachten und verarbeiten müssen, denn in den nächsten Sekunden kommen noch ganz andere Dinge auf einen zu. Es war kein Citroën, K. war raus aus der Nummer, der Fahrer dieses Autos, das über die gesamte linke Seite aufgeschlitzt war, stand aber neben dem Auto und telefonierte. Auf meine Anfrage im Vorbeigehen schien alles okay, er brauche keine dringende Hilfe, dachte ich zunächst. Anders als die anderen. Im Transporter saß der Fahrer, nur noch mit Schnappatmung, hinter ihm auf der Rückbank ein Toter, und der Beifahrer lag blutüberströmt, offenbar wurde er aus dem Transporter geschleudert, im Straßengraben. Er wurde bereits von Ersthelfern versorgt. Die Straße war natürlich komplett gesperrt, der bodengebundene Notarzt würde in kürzester Zeit da sein, ich hatte das NEF ja aus der Luft gesehen. Und da ich ersteintreffender Notarzt war, entschloss ich mich dazu, die Lage zu beurteilen, um gegebenenfalls Kräfte nachzufordern. Ich musste ein ganzes Ende laufen, um den Lkw-Fahrer zu beurteilen, der offenbar nach links abgekommen und gegen einen Baum geprallt war. Die Fahrerseite war demoliert, die Tür durch den Baum versperrt und der Fahrer darüber nicht erreichbar. Also kletterte ich über die Beifahrerseite in das Fahrerhaus. Der Mann war ansprechbar, schwerverletzt und möglicherweise mit den Beinen eingeklemmt. Ich legte einen venösen Zugang, machte eine Schmerzbehandlung und versuchte ihn zu beruhigen. Er war stabilisiert und ein Rettungsassistent kümmerte sich zunächst weiter um ihn. Bereits jetzt forderte ich ein weiteres NEF an, mit zwei Notärzten würden wir nicht auskommen. Irgendwer hatte die clevere Idee, neben der Fernverkehrsstraße war die Trasse für die neue A 14, von dort würde ein Radlader schnell besorgt, um den Lkw vom Baum wegzuziehen und den Fahrer retten zu können, alles war sehr aufwendig, aber gelang. Ich lief die gesamte Strecke zurück, mein RA bat mich, nach dem Fahrer des Transporters zu schauen, da war für uns nichts mehr zu tun, auch er war tot. Inzwischen war mein afrikanischer Kollege eingetroffen, er kümmerte sich bereits um den Beifahrer, der am Straßenrand lag und schon in den RTW verbracht worden war. Ich erkannte sofort, dass dieser Patient schwerst polytraumatisiert war und nur Überlebenschancen hatte, wenn er durch uns ausgeflogen wurde. Also bat ich meinen Kollegen, sich ab jetzt um den Lkw-Fahrer zu kümmern, der ins nahegelegene Krankenhaus per Achse transportiert und dort suffizient behandelt werden konnte. Ich versorgte unseren Patienten weiter. Es dauerte lange, bis wir ihn stabilisiert und „flugtauglich" gemacht hatten. Man muss in solchen Fällen versuchen, alle unterwegs auftretenden Probleme zu vermeiden, denn im RTH ist nur wenig Platz für umfangreiche Manipulationen. Und eine Zwischenlandung wäre natürlich sehr zeitaufwendig. Endlich war es so weit, wir verbrachten den Patienten mit allem Equipment zum Hubi, wenigstens waren die Wetterverhältnisse okay. Das Umlagern, auch im beatmeten und narkotisierten Zustand, ist immer eine hochsensible Phase für die Patienten, größte Umsicht und Sorgfalt sind geboten, ich habe Patienten nicht selten in diesem Moment dekompensieren sehen. Bei uns ging alles gut, der Pilot hatte uns bereits in einem Trauma-Zentrum angemeldet und vor uns lagen etwa 20 bis 25 Minuten Flugzeit. Im Schockraum der Klinik wurden wir bereits erwartet, ordnungsgemäße Übergabe an die Kollegen der verschiedensten Fachrichtungen, mit einigen schnell gemachten Fotos des Unfallortes würden sie sich ein Bild vom Einsatzort machen können und sie waren immer sehr dankbar dafür. Von irgendwoher bekam ich später die Telefonnummer unseres Patienten, ich sprach mit der aufgeregten Ehefrau, konnte aber unter Vorbehalt nicht zu viel versprechen. Trotzdem war sie dankbar, dass ich mir die Zeit nahm. Mehrere Operationen musste der Patient über sich ergehen lassen, Wochen in Reha-Kliniken verbringen, aber er hat es geschafft und nach einigen Telefonaten besuchten sie mich beide Monate später, als ich wieder Dienst hatte. Bis auf einige Sprachschwierigkeiten und Gangunsicherheiten war nichts geblieben, daran arbeiteten nun ambulante Spezialisten. Die Dankbarkeit für das von uns allen Geleistete ist immer wieder wohltuend und macht Mut. Erstaunlicherweise konnte sich der Patient in unseren Unterhaltungen an viele Details von vor dem Unfall erinnern, eher ungewöhnlich bei solch einem Trauma. Er war von der Arbeit gekommen mit seinen beiden Kollegen und die drei Dachdecker waren nur wenige Kilometer von ihrem Heimatdorf entfernt gewesen. Zwei sind leider nie wieder dort angekommen.

Bild 72: VKU herausgeschleuderter Beifahrer (Quelle: privat)

Bild 73: VKU Lkw (Quelle: privat)

Fall 2: VKU BAB B. - H.: Bereits im Landeanflug sehen wir kilometerlange Staus auf der Autobahn in beiden Richtungen. Die Fahrbahn Richtung Ostsee ist bereits gesperrt, auf der Gegenfahrbahn stockt der Verkehr eher durch Gaffer, die es einfach nicht lassen können. Ich verschaffe mir einen ersten Überblick, weil ich davon ausgehe, dass ich der ersteintreffende Notarzt bin, und weil damit andere Aufgaben verbunden sind, als sich sofort um verletzte Patienten zu kümmern. Alles wird durch verschiedenste Ursachen zunächst unübersichtlich, aber ich habe den Eindruck, dass es sich zwar um mehrere Verletzte, aber keine lebensbedrohlichen Patienten handelt. Unterm Strich: vier Pkws, sieben Verletzte, davon zwei Kinder. Kurzer Check der Situation und der Lage, weitere Kräfte sind nachgefordert und ich beginne, mich um eine Frau zu kümmern, die fast unter der Mittelleitplanke liegt. Ein RTW nach dem anderen rollt an, der Christoph 35 aus B. ist in meinen Augenwinkeln auch im Anflug und landet hinter unserem RTH. Inzwischen sind fünf Notärzte vor Ort und kümmern sich um die Verletzten. Das Chaos klärt sich langsam auf, inzwischen, wenn auch spät, sind LNA und Organisatorischer Leiter Rettungsdienst (OrgL.) eingetroffen, die ich über die Lage in Kenntnis gesetzt habe. Selbstkritisch muss ich hier anfügen, dass ich an der Unfallstelle aufgrund der hochsommerlichen Temperaturen nur im T-Shirt mit kleinem Hubschrauber drauf zur Einsatzstelle gekommen bin und mich keiner von RD-Personal, Feuerwehr und Kollegen als Notarzt oder Leitender Notarzt identifizieren kann, ich merke, wie wichtig es ist, erkannt zu werden. Ohne Abwertung, ich hätte auch für andere der Pilot oder HCEM des Christoph gewesen sein können. Man lernt in solchen Einsätzen immer was dazu beziehungsweise nie aus. Ich bringe dies dann auch abends selbstkritisch beim Debriefing (warum können wir nicht deutschen Wortschatz verwenden? – Eine schlimme Tendenz) auf den Punkt.

KURIOSUM 6

Eine junge Frau ist schweißgebadet, klagt seit einer halben Stunde über Herzrasen. Die Herzfrequenz liegt tatsächlich über 200/min, auch der Blutdruck ist hochpathologisch. Der dazugehörige Lebensgefährte ist recht einfach strukturiert, er fragt erst mal, ob er uns was anbieten kann, was wir dankend ablehnen. Nach kurzer Anamneseerhebung und nach Medikamenteneinnahme befragt zeigt die Frau auf ihren Unterleib, ich dokumentiere Unverständnis, sie darauf: „Nur die Pille." Aha. Mit entsprechender medikamentöser Behandlung kann ich sie recht schnell in normale Werte zurückführen, dennoch ist eine weitere Diagnostik bei nicht einmal 45 Jahren notwendig. Als sich beide verabschieden, hören wir aufmunternde Worte von ihm: „Ach, Schatz, bumsen können wir später noch." Na prima, das nenne ich Seelentröstung.

VERBRENNUNG

Ein kalter, richtiger Wintertag mit viel Schnee vor der Tür – von drinnen bei einem Tee schön anzusehen. Aber die RLST sieht es anders und braucht uns, brennendes Haus mit Bewohnern noch drin, mehr Angaben liegen nicht vor. Bereits im Anflug sehen wir die Rauchschwaden. Und gehen in der Nähe sicher zu Boden. Das Haus steht im Vollbrand, nach Kontakt mit dem Einsatzleiter Feuerwehr erfahre ich, es gibt zwei Bewohner des Hauses, Mutter und Sohn. Die Mutter steht mit Händen vor dem Gesicht: „Warum muss er denn immer im Bett rauchen?" Plötzlich höre ich die Kameraden der Feuerwehr rufen: „Doc, komm hierher!" Ich glaub es kaum, an der Front des Hauses in einer großen, mannshohen Schneewehe liegt der Sohn, als ich nach oben schaue, sehe ich das geöffnete Fenster, aus dem er offensichtlich in seiner Panik gesprungen ist. Jetzt kommen nur noch dichte schwarze Rauchschwaden da raus. Wir ziehen ihn aus dem Schnee und ich möchte ihn sofort in den geheizten RTW bringen, da kommt nicht etwa ein Danke, sondern seine erste Frage ist, ob ich mal 'ne Kippe hätte. Ein kurzes Nein und die Gegenfrage meinerseits, ob ihn denn nicht interessiert, wie es seiner Mutter geht. Offensichtlich nicht, mir fällt momentan nur der Begriff „bildungsferne Schichten" ein, sein äußeres Erscheinungsbild nebst sich aufrollender Hand- und Fußnägel, Foetor alcoholicus und desolater Zahnstatus runden das Bild komplett ab. Die olfaktorischen Synapsen eines Notarztes müssen schon einiges vertragen können – warum habe ich eigentlich keinen ordentlichen Beruf erlernt? Die Ausdünstungen dieses Herren machen sich sehr schnell im Hubschrauber breit, wir müssen uns in den nächsten zwei Einsätzen noch bei den Patienten dafür entschuldigen. Er hat zwar einige Brandverletzungen erlitten, aber den Flug in ein Brandverletzten-Zentrum (B., H. oder L.) halte ich nicht für indiziert, also fliegen wir ihn in die Landeshauptstadt nach P., wo man diese Verletzungen auch gut behandeln kann.

VERPUFFUNG

Und prompt während eines wichtigen Telefonates geht der Pieper an, „Thermische Schädigung mit Brandverletzungen in Gesicht und Oberkörper“. Wir eilen zum Hubi und wissen wieder einmal nicht, was uns erwartet. Auf Anfrage nach einer Lagemeldung erfahren wir, Gasexplosion mit Verpuffung, zwei Schwerverletzte. Das reicht ja auch. Ich sehe schon von oben die Absperrung durch die Polizei, Feuerwehr, NEF und RTW sind bereits vor Ort. Ich stürze auf den ersten RTW zu, kaum darin heißt es, nein die schwerer verletzte Patientin ist im zweiten RTW, also dorthin. Beide Patienten sind bereits von der Kollegin der Bodenrettung erstversorgt. Mit der Kollegin aus P. hatte ich einen gemeinsamen Einsatz im letzten Jahr bei einem schweren VKU mit tödlichem Ausgang für einen Biker. Unsere Patientin ist bereits in Wärmefolien eingepackt, eine kühlende Gel-Gesichtsmaske über den gesamten Kopf, es ist schon ein schlimmer Anblick, Brandwunden im ganzen Gesicht, von den Haaren ist nur noch ein Kräuselmeer zu sehen. Sie ist aber ansprechbar, hat schon eine hohe Dosis an Morphium erhalten und zittert am ganzen Körper. Aber sie atmet selbstständig. Nur wie lange noch, frage ich mich, diese Patientin intubieren zu müssen, mag ich mir nicht vorstellen, keinen Hals und natürlich dick ohne Ende. Inzwischen habe ich Erkenntnisse über den Unfallhergang. Er, 81 Jahre, und sie, 78 Jahre alt, wollten in einer alten Waschküche Enten „abblökern“. Das heißt, die Tiere werden gerupft, dann bleibt ein Flaum übrig, der mittels Gasbrenner entfernt wird, die übrig bleibenden Borsten können dann manuell entfernt werden. Und dabei ist es dann wohl passiert, die Gasflasche ist ihnen um die Ohren geflogen und die Frau hat es am meisten getroffen. Sie ist mir noch zu wach und die Schmerzen sind mir noch zu intensiv, also kriegt sie noch eine tiefere Analgosedierung von mir, auch in Anbetracht der vor uns liegenden längeren Flugzeit. Der Mann wird bodengebunden durch die Kollegin nach P. in die Klinik verbracht. Wir suchen telefonisch ein Brandverletztenzentrum, L. kann nicht aufnehmen, da kein freies Bett. Grünes

Licht aus H.-B., also fliegen wir die Patientin dorthin. Zum Glück ohne Komplikationen, etwas gewagt zwar, da wir bis auf einen erstgemessenen Blutdruck keine Werte erheben können, beide Oberarme sind betroffen und für die dicken Oberschenkel sind unsere Manschetten nicht ausgelegt, also muss ich nach klinischem Verlauf entscheiden, aber eben in der Luft. Eine freundliche und kollegiale Übergabe findet in H. statt, die Jungs vom Christoph Hansa sind auf ihrer Basis und laden uns ein, aber nach der erfolgten Übergabe sind auch sie schon wieder unterwegs in der Metropole, um Leben zu retten. Wir fliegen zurück, alle Protokolle des Tages müssen noch bearbeitet werden. Da ist es dann schon kurz vor Mitternacht.

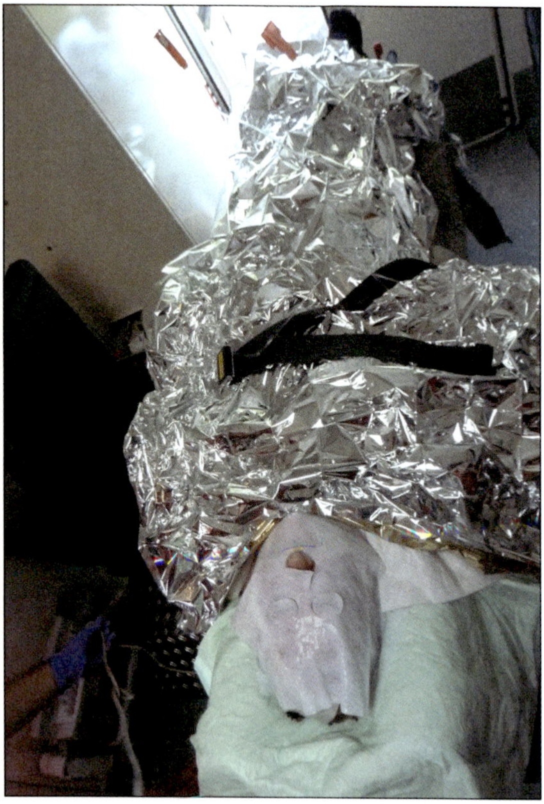

Bild 74: Zustand nach Verpuffung (Quelle: privat)

Bild 75: „Geplökerte" Gänse (Quelle: privat)

Es ist Wahnsinn in diesem Jahr. Das, was an Verkehrstoten vielleicht rückläufig ist, wird überschattet durch tödliche Badeunfälle (fast täglich mindestens einer in Deutschland), tödliche Abstürze aus der Luft durch Fallschirmspringen oder Piloten von Ultra-Leichtflugzeugen. Es ist ein Jammer, aber wir haben dementsprechend in solchen Situationen einen Auftrag, und den gilt es zu erfüllen. (Laut DLRG-Statistik gab es in Deutschland 225 Bade-Todesopfer in diesem Jahr!) Heute ist Samstag, der 27. Juli 2013, eine Hitzeglocke liegt über Berlin/Brandenburg, morgen werden bis zu 40 °Celsius erwartet, neuer Hitzerekord? Es ist eher selten, dass ich mich auf einen Tag Luftrettung nicht freue, aber vor morgen graut mir doch etwas. Wir müssen es nehmen, wie es kommt, es ist unser selbst gewählter Job.

VERBRÜHUNGEN

Oft Kinder beim Herabziehen von Tischdecken mit heißem Tee/Kaffee oder beim Inhalieren. In ein Hotel-Komplex mit umfassender Kinderversorgung werden wir gerufen, ein kleines zweijähriges Mädchen hat an der Tischdecke gezogen, der gerade zum Frühstück fertig gewordene Tee stand auf dem Tisch und hat dabei seinen Oberkörper, Genitalbereich und die Beine übergossen. Zum Glück war es angezogen und die Kleidungsstücke waren sofort entfernt und gekühlt worden. Bis dahin alles richtig gemacht. Das Kind schreit verständlicherweise lautstark und nun fangen die Eltern mit mir an zu diskutieren, dass sie keine Schmerzbehandlung möchten mit Medikamenten, die sie nicht kennen. Ich muss mich schon sehr beherrschen, meine Androhung, diese Verweigerung unverzüglich an die Behörden zu melden, lässt die Eltern verstummen, nachdem sie sich meinen Namen und Arbeitgeber aufgeschrieben haben. Sie fordern aber erst genaue Informationen über diese Substanzen. Ich versichere ihnen, dass wir darüber nach der Verabreichung sprechen können, für mich steht das kleine Wesen im Vordergrund. Aber es kommt noch besser, inzwischen weiß ich ja, wo diese Menschen herkommen. Offenbar haben sie den Aufnäher meines Hubschraubers entdeckt und ihnen kam folgende Forderung in den Sinn: Sie möchten, dass ich einen RTH anfordere, der sie samt ihres Kleinkindes nach H. fliegt. Ich kontere, dies werde ich nicht tun, ich werde die kleine Patientin in ein nahegelegenes Zentrum verbringen. Ob dann eine Weiterverlegung nach chirurgischer Behandlung indiziert ist, können sie gern mit den dortigen Kollegen besprechen.

VERGIFTUNGEN

Gerade Vergiftungen mit Pilzen spielen derzeit eine größere Rolle. Viele Asylanten, nicht zuletzt aus Mangel an irgendwelcher Beschäftigung, gehen auf Pilzsuche und haben gehört, dass man diese auch verkaufen oder selbst verzehren kann, natürlich in völliger Unkenntnis der Gefahren, die da lauern und nicht selten lebensgefährlich sind! Selbst als Urlauber erlebt, auf einem Rückflug von der Insel Ibiza zeige ich den Flugbegleitern seit Jahren meinen Ausweis mit der Berechtigung als „Flying Medical Doctor" und sie sind sehr dankbar dafür. In diesem Falle saß eine betagte ältere Dame neben mir, ihr Ehemann einige Plätze weiter. Sie wurde immer unruhiger, schwitzte und nestelte an sich herum. Auf meine Anfrage, ob ich ihr helfen könne, reagierte sie nur bedingt, die Bitte an die Stewardess, die Vitalwerte zu überprüfen, ergab eine deutliche Hypotonie und beginnende Schockreaktion, nach Anlage einer Infusion stabilisierte sie sich etwas. Die Nachfrage bei ihrem Ehemann ergab schließlich, dass beide auf Ibiza noch was gegessen hatten, er Fleisch, sie Fisch. Na bitte, als wir in Berlin landeten, übernahm sofort ein RTW die Frau und ich ging mit einer Flasche Sekt als Dankeschön von der Crew von Bord. Wäre das Ganze in den USA passiert, wäre ich vielleicht heute Millionär, ein Arzt, noch dazu im Urlaub, hätte sich nicht mit einer Flasche Sekt abspeisen lassen, sondern enorme Forderungen aus allerlei Gründen gestellt – mein Wort drauf.

VERSCHÜTTUNG

Am späten Nachmittag wird es wieder spannend, das Einsatz-Stichwort „Verschüttung einer Person" fehlt noch in meinem Repertoire. Der Patient hat mit einigen Bekannten eine alte Mauer einreißen wollen, darin war ein Metallzaungitter verankert, an diesem hat der Patient gezogen, die Mauer brach zusammen und hat ihn unter sich begraben. Als wir eintreffen, ist der Patient bereits im RTW und wird von einem Kollegen versorgt. Ich schaue mir die Unfallstelle an und befrage die Polizei, um mir den Hergang vorzustellen. Im RTW bemerke ich, dass der Kollege offenbar Probleme mit der Intubation hat, er versichert mir aber, der Tubus läge richtig. Da die Sauerstoff-Sättigung nicht ansteigt, zweifle ich an einer korrekten Tubuslage. Ich ziehe den Tubus wieder heraus und versuche erneut zu intubieren, da ist die Kehlkopfregion bereits angeschwollen. Um keine Zeit mehr zu verlieren, entschließe ich mich, eine supraglottische Atemwegshilfe zu benutzen, und lasse mir einen Larynx-Tubus geben. Alles gut, die Sättigung steigt an und die Hautfarbe des Patienten wird wieder rosiger. Der Patient ist bereits als Polytrauma im Berliner Virchow-Klinikum angemeldet, wir lagern um, kurzes Gespräch mit der Mutter und wir fliegen los. In B. werden wir im Schockraum empfangen und übergeben den Patienten an die Kollegen.

Bild 76: Verschüttung (Quelle: privat)

„VIETNAMESEN-MAFIA"

Ich finde zufällig im Mai 2015 in einer Buchhandlung in NRW ein Buch eines Feuerwehrmannes aus Berlin, der Einsätze aus offenbar auch gemeinsamer Tätigkeit von uns beschreibt. Beim Durchblättern fallen mir Einsätze aus dem Bereich Berlin-Lichtenberg ein, die mir zum Teil aus eigener Zeit dort erinnerlich sind, ich kaufe es und es kommen viele Erinnerungen wieder an meine Arbeit dort. Ob Schusswechsel, Kämpfe mit Samurai-Schwertern oder Tötungsdelikte, alles besonders im Zigarettenschmuggel-Milieu haben wir erlebt. Besonders in den Wohnheimen war Vorsicht geboten, wenn diese Leute bis an die Zähne bewaffnet vor oder hinter uns standen.

WASSERLEICHEN UND WASSERRETTUNG

Fall 1: Wir werden an einen See alarmiert, „vermisste Person seit Tagen". Bereits vor einigen Tagen sind Vater und Sohn bei normalen Witterungsverhältnissen mit ihrem Angelboot gekentert. Der Sohn hat das Ufer schwimmend erreicht, vom Vater keine Spur. Spekulationen aller Art machen im Dorf die Runde, das geht uns aber nichts an. Wir stehen am Ufer und warten – wie so oft. Die Wasserschutzpolizei, etwas humorig von uns auch „Entenpolizei" genannt, ist draußen auf dem Wasser, seit mehreren Tagen wird nach dem Vermissten gesucht. Und plötzlich ein erhobener Arm mit gestrecktem Daumen, sie haben jemanden gefunden und geborgen. Die Wasserleiche wird uns zugebracht – ist es die vermisste Person überhaupt oder ein Zufallsfund? Die Polizei hat ihre Erkenntnisse, deshalb liegt die Wahrscheinlichkeit nahe, dass es sich hier um den Gesuchten handelt. Ich erfülle meine Aufgabe, schreibe die Todesfeststellung zu einer mir unbekannten Person, alles andere wird die Rechtsmedizin klären müssen. Routinearbeit für uns.

Fall 2: In einem anderen Fall werden Angler nach einem Unwetter vermisst, alle Kräfte sind mobilisiert, Wasserwacht des DRK, WAPO, Feuerwehr, THW, RTH, Rettungsdienst, auch die Tauchergruppe. Da bis dato keine genaue Anzahl der gesuchten Personen besteht, werde ich als LNA ebenfalls alarmiert. Das Warten beginnt, der Hubschrauber schwebt über dem See, er kann keine Personen ausmachen, da die Jungs von der Wasserwacht mit ihren Booten nicht in die Schilfgürtel kommen, suchen die Kollegen der Feuerwehr die Uferregionen in ihren Wat-Hosen ab – nichts. Inzwischen wissen wir, dass ein Angler schwimmend an Land gekommen ist, sie waren zu zweit, vom Freund keine Spur. Also wissen wir wenigstens, dass es sich um nur zwei Personen' handelt. Aus einem anderen Bundesland, offenbar mit wenig Kenntnis über mögliche Tücken auf der Müritz. Das Boot, einer Nussschale ähnelnd, ist ausgemacht worden und zu uns an Land gebracht. Wer fährt mit solch einem Unikum bei diesem Wetter raus auf die Müritz? Dann kommt wieder von der Seeseite ein

Bild 77: Unwetter über der Müritz (Quelle: privat)

Bild 78: Suche nach vermisster Person (Quelle: privat)

Zeichen – wir haben ihn. Unter Reanimationsbedingungen, aus einer flachen Stelle geborgen, wird er zu uns an Land verbracht und wir reanimieren weiter. Aber irgendwann muss ich die mir schwere Frage stellen, wann hören wir mit diesen aussichtslosen Maßnahmen auf? Und ich entscheide mich.

WINDRADUNFÄLLE

In Vorbereitung auf das Wochenende wird es heute erwartungsgemäß etwas hektisch. Morgen ist erst Tag der offenen Tür und abends dann unsere Party zum fünfjährigen Jubiläum der Luftrettungs-Station. Es gibt immer wieder Situationen im RD, in denen man noch nicht war und die dann eine besondere Herausforderung darstellen. In diesem Einsatz geht es um die Windräder, die um uns herum immer mehr zunehmen und an Bedeutung gewinnen, ebenso wie die nicht ganz ungefährlichen Biogas-Anlagen.

Also, Alarmierung zum Sturz aus großer Höhe (über 30 Meter?), dieses Mal aber innerhalb eines solchen Windrad-Turmes. Noch im Anflug bekommen wir spärliche Informationen, ein Arbeiter ist aus unklarer Höhe abgestürzt (30, 40, 50 Meter?) und liegt nun innerhalb dieses Turmes in etwa 50 Metern Höhe. Sein Kollege hat es nur plumpsen hören und dann den Notruf abgesetzt. Als wir eintreffen, sehen wir ihn deprimiert, dem Schock nahe, aber so weit gefasst, er gibt uns Einzelheiten zur Umgebung bekannt. Patient hätte kaputte Arme, Beine, Rücken sowie keine Atmung und keinen Puls. Sie waren mit ihrer Arbeit schon fertig, wollten den Werkzeug-Rucksack ablassen, dabei war der Monteur offenbar nicht gesichert, vielleicht ist er ausgerutscht, ich merke später selbst, wie rutschig es dort oben auf den Plattformen ist und am „Aufschlagort“, sodass auch das Einhängen der Sicherheitskarabiner, die größer als eine männliche Hand sind, unabdingbar ist. Es sieht fast gespenstisch aus in diesem Turm und ich weiß nicht, ob dort oben ein Mensch liegt und um sein Leben kämpft, aber in diesem Falle muss ich wirklich das oberste Gebot im Rettungsdienst an erste Stelle setzen: „Eigensicherung geht vor Fremdsicherung.“ Ich überlege, wer von uns beiden zuerst aufsteigen soll, P., der HCEM oder ich, der Arbeitskollege warnt uns sofort: „Kein Aufstieg ohne Sicherung.“ Ich lasse mir dann die Sicherungsgurte vom Monteur anlegen, sie sind aber auf ihn eingestellt und nicht verstellbar. Ich muss in dem Moment registrieren, dass ich dafür zu dick bin, er lässt sich nicht schließen, bei P. passt er schließlich und er klettert hinauf, wir verständigen uns per Handy, die Verbindung ist okay. Ich will ja nur sichergehen, dass der Mann tot ist und wir wirklich nichts mehr für ihn tun können, den Zeitpunkt dieser Feststellung halte ich in meinem Kopf fest, obwohl ich einige Etagen darunter bin. Ich halte es aber für die Dokumentation für wichtig. Inzwischen treffen RTW und Feuerwehren ein, auch die Drehleiter der P. Feuerwehr rückt an, sie können aber leider von außen nichts ausrichten, wer konstruiert so etwas nur immer? Mir kommen Gedanken zum Film „Flammendes Inferno" in den Kopf, wo der Feuerwehr-Chef (Steve McQueen) dem Architekten (Paul Newman) sagt: „Wann fragt uns mal jemand, wie man so was richtig baut?"

Aber zurück zur Realität. Endlich weiß ich von P., dass keine Chance für den Mann besteht, er ist tot. Es besteht keine Zeitnot mehr. Die Firma rückt an mit verschiedenen Sicherheitsgurten und nachdem mir solch ein Teil angelegt wurde, erklimme ich die Leitern von Plattform zu Plattform und merke, wie mir die Luft knapper wird und ich Pausen einlegen muss. Es ist mehr als anstrengend, aber ich will die Situation selbst sehen und dokumentieren, ohne jemandem etwas Böses unterstellen zu wollen. Ein Polytrauma liegt vor, ein schrecklicher Anblick, auch wenn nun nicht nur offene Verletzungen da sind. Die Zeiten werden gespeichert, das Protokoll muss stichhaltig sein. Ich steige hinab und bin wirklich froh, wieder unten zu sein. Inzwischen ist alles angerückt, Firma, RTW, Feuerwehren, Polizei, Presse und so weiter. Ich schreibe das Protokoll, rede mit dem Einsatzleiter FW, der Polizei und schaue nach dem im RTW sitzenden Arbeitskollegen. Ich bin völlig durchgeschwitzt, habe unendlichen Durst, M., unser Pilot, bringt mir was zu trinken, ich rede mit den Verantwortlichen, übergebe die Papiere an die Polizei, die Kripo ist noch nicht da, wir bekommen einen Folge-Einsatz, ich brauche aber noch ein paar Minuten. Wir fliegen in ein Klinikum, eine Sekundärverlegung ins Herzzentrum nach B.-B., ein völlig unproblematischer Flug. Gegen 17:30 Uhr sind wir wieder zurück, schmeißen die Herdplatten an, um endlich Mittag zu essen. Dann erscheint auch schon die Kripo, um sich den Leichenschauschein abzuholen, den ich erst hier geschrieben habe. Dann kommt prompt während dieser Übergabe ein Einsatz nach P., der aber auch schnell abgearbeitet ist. Endlich Feierabend, Abmeldung und Eingebung der Protokolle und dann ein kaltes Bier. Im Debriefing bespreche ich bezüglich des Polytrauma-Einsatzes noch meine Gedanken zur Einbindung einer Höhenrettungstruppe, das muss im Team später

Bild 79: Windradunfall (Quelle: privat)

auch noch mal besprochen werden, zumal solche Einsätze für uns ja eher selten sind. Bereits eine gute Woche später, ich bin schon im Urlaub, erhalte ich von K., der Leitenden Hubschrauberärztin, eine SMS. Sie haben sich von P. aus schon mit Höhenrettern aus B. kontaktiert und eine Fortbildung „Höhenrettung" für den 22. Juni organisiert. Daran möchte ich natürlich gern teilnehmen und versuche gerade, meinen Dienst vom Urlaub aus zu tauschen.

Bild 80: Windradunfall (Quelle: privat)

XANTHINDERIVAT-INTOXIKATION

Ich habe es nur einmal erlebt, eine Theophyllin-Überdosierung (Xanthine, kann mich aber an Details nicht mehr genau erinnern).

Y-BYPÄSSE

Noch während meiner ITS-Zeit in Berlin wurde ein Herzkatheterlabor eingerichtet, die Probleme, die auf uns zukamen, waren oft nicht absehbar. Nicht selten haben wir Patienten im Anschluss an solche Untersuchungen mit IABP zu Bypass-OPs in Spezialkliniken verlegen müssen.

ZUGUNFÄLLE

Alarmierung zu „Person unter Zug" in der Bodenrettung in den späten Abendstunden. Die Anfahrtszeit beträgt knapp 12 Minuten und als wir in die Nähe eines beschrankten Bahnüberganges kommen, sind bei abendlicher Dunkelheit die vielen Blaulichter von Feuerwehren weithin sichtbar. Die Schranken sind noch unten, als ich das NEF verlassen habe, sehe ich bereits neben den Gleisen ein zerfetztes Autowrack, ehemals ein VW-Bus laut Polizei. In einiger Entfernung steht ein Regionalzug, inzwischen von Polizeibeamten abgesichert, dass keiner der Insassen den Zug aus Panik verlassen kann. Für den Fahrer des Kleinbusses gibt es nichts mehr zu tun, Leichenteile erübrigen jede Art von medizinisch relevanten Tätigkeiten. Also muss ich mich um die Insassen des Zuges und insbesondere um den Zugführer kümmern. Er hat einen Schock erlitten, verständlicherweise, er hat bei Sichtkontakt zu dem auf den Gleisen befindlichen Hindernis nicht mehr bremsen können, wer will es ihm verdenken? Inzwischen ist auch der diensthabende Notdienst der DB eingetroffen und inspiziert den Ereignisort. Der Zugführer wird von mir im RTW versorgt, beruhigende Worte, die ihm seine Unschuld zusichern, und eine milde Sedierung lassen ihn langsam ruhiger werden, einen angebotenen Seelsorger möchte er nicht in Anspruch nehmen. Im stehenden Zug sind zu dieser Zeit nur wenige Fahrgäste, keiner ist körperlich verletzt, aber alle haben natürlich registriert, was passiert ist, und fragen nach dem Unfallverursacher. Das muss man in solch einer Situation etwas diplomatisch klären, ich beruhige sie zunächst, dass er noch medizinisch versorgt wird. Da es im Zug keine Verletzten gibt, verlasse ich den Zug wieder und es kommt das nächste Problem auf mich zu. Nach ersten polizeilichen Ermittlungen muss der Fahrer des VW bei geschlossenen Schranken den Bahnübergang befahren haben und dort angehalten haben? Diese Vermutung lässt Böses ahnen und irgendwann erfahre ich auch, dass ein Abschiedsbrief in dem Autowrack gefunden wurde. Schrecklich, aber es kommt noch schlimmer, noch während ich mit Polizei und DB-Dienst spreche, hören wir plötzlich bis ins Mark treffende Schreie und ahnen, was jetzt passiert. Die Lebensgefährtin des Unfallopfers ist eingetroffen, sie hat einen ähnlichen Abschiedsbrief zu Hause vorgefunden und hat nach den Sirenen der Einsatzfahrzeuge vermutet, dass in der Nähe etwas passiert sein musste. Sie ist kaum zu beruhigen und es ist sehr schwer, mich ihr zu nähern, um Trost zu spenden und geeignete Worte zu finden. Ich verstehe nur Patchwork-Familie und viele Kinder, den Rest kann ich mir denken und ich verbringe sie in einen weiteren RTW. Hier muss ich schon etwas stärkere Beruhigungsmittel anwenden, um sie einigermaßen zu sedieren. Und verzichte auf die Frage, ob ein KIT bestellt werden soll, sondern ich veranlasse einfach über die RLST, dass ein geschulter Kollege oder eine Kollegin in bestellt wird. Dankbarerweise ist ein Mitarbeiter der rund um

Bild 81: Unfall Zug/Kleinbus in suizidaler Absicht (Quelle: privat)

die Uhr zur Verfügung stehenden Kollegen sehr schnell vor Ort und nimmt sich der Patientin an. Nach einigen Worten erklärt er sich auch bereit, nochmals nach den Zuginsassen zu schauen, eine sehr wohltuende Zusammenarbeit und auf diesem Weg ein Dankeschön an all diese Menschen, die auch uns dann in solchen Situationen zur Seite stehen! Und immer wieder sehe ich mich darin bestätigt, darauf hinzuweisen, bereits im Medizinstudium an den Universitäten intensiver die Wichtigkeit der psychologischen und auch psychosozialen Betreuung von Patienten und Angehörigen in den Fokus der Ausbildung zu bringen!

ZUFÄLLE

Zum Abschluss möchte ich von einer besonderen Kasuistik berichten. In unserem Beruf bleiben bestimmte Fälle im Kopf, wie eingebrannt, egal wie lange sie her sind und ob sie einen glücklichen oder dramatischen Ausgang nahmen. In diesem nicht aus dem Rettungsdienst stammenden Fall war aber dennoch Rettung in höchster Not unabdingbar. Als junger Assistenzarzt hatte ich 2001 Dienst auf der gerade erst entstandenen Internistischen Intensivstation eines großen Klinikums in B. Gegen Mitternacht erhielt ich den Anruf aus der NFA, in der Klinik gab es kein freies Bett, bei mir standen drei Betten leer. Der Grund für eine stationäre Aufnahme leuchtete mir zunächst nicht ganz ein, Kollaps einer jungen Frau auf einer S-Bahntreppe? Das muss man erst einmal mit einer Aufnahme auf einer Intensivstation abwägen. Nach einigem Zögern sagte ich zu und die Patientin wurde mir gebracht. 29 Jahre jung, Verkäuferin in einer Boutique – der Altersdurchschnitt auf unserer ITS wurde abrupt gesenkt. Bei der üblichen Anamnese und Untersuchung stellte sich Folgendes heraus: Sie war tatsächlich an der S-Bahn kollabiert, hatte die Mutter angerufen und diese hatte sie in die nahegelegene NFA verbracht. Vor vier bis fünf Wochen hatte sie eine Art Bronchitis mit Belastungs-Luftnot, Nachtschweiß und Mattigkeit verspürt, sei sogar von der Arbeit nach Hause geschickt worden. Der Verdacht meinerseits auf eine mögliche Myokarditis rechtfertigte wenigstens die Aufnahme auf die ITS unter Monitorüberwachung. Dann wurde ich stutzig, nach genauem Hinterfragen wurde eine Körpergewichtsabnahme in den letzten acht Monaten von circa 10 Kilogramm angegeben, das Herz schlug unregelmäßig und sie machte einfach einen kranken Eindruck. Der junge Kollege in der NFA, bereits erfahren in der Echokardiografie, wurde von mir gebeten, doch noch nachts diese Untersuchung durchzuführen, wenn er Zeit hätte, und diese dauerte dann ungewöhnlich lange. Er habe so etwas noch nie gesehen, in einer Herzkammer sah er eine flottierende 2x2 Zentimeter große Struktur und die obere Hohlvene, die in diese Herzkammer mündete, sei vollständig mit Tumormasse ausgekleidet! Diese junge Frau gehörte tatsächlich auf eine ITS.

Am nächsten Morgen nach der Dienstbesprechung bestellte ich die Eltern ein und gemeinsam erörterten wir die Notwendigkeit dringend indizierter weiterer Diagnostik. Kaum vorstellbar die Verwunderung der Patientin und der Eltern über diese Befunde, es ging hier um den Verdacht eines lebensbedrohlichen Tumors, der um sich gegriffen hatte. Trotz dieser Dramatik waren alle drei dankbar für die ehrliche Aufklärung und besonders die Zeit, die man sich für sie nahm. Die weitere Diagnostik führte zu erschreckenden Befunden, Thorax-CT, Bronchoskopie und auch laborchemische Werte waren kaum vorstellbar bei solch einer jungen Frau. Massives Tumorwachstum mit Einbruch in umliegende Strukturen, kaum zu glauben, dass sie zu dem Zeitpunkt noch so „stabil" war. In der histologischen Untersuchung wurde ein diffuses großzelliges B-Zell-Lymphom gesichert. Das war nichts mehr für uns, in Absprache mit dem CA nahm ich Kontakt zur Charité auf, nahm alle Unterlagen und fuhr dorthin. Die Onkologische Abteilung sah sich nicht in der Lage, diese Patientin zu übernehmen, erst „gute" Verbindungen zu einer Infektologischen Intensivstation der Charité ermöglichten die sofortige Verlegung in die Uni-Klinik. Hier erfolgte eine Chemotherapie, die Strahlentherapeuten hielten sich zurück wegen des Thrombus in der rechten Herzkammer. Kurz nach Behandlungstermin kam es zu einem Schlaganfall mit Lähmung im linken Arm. Natürlich kann ich nicht alle Details aus diesem Fall schildern, bereits nach zwei Monaten war aber eine Regredienz der vormals beschriebenen Befunde nachweisbar. Ich habe auch nach der Entlassung der Patientin den Kontakt zu der Familie gehalten. Die Chemotherapie lief weiter, auch eine Strahlentherapie schloss sich noch an, natürlich mit den bekannten Nebenwirkungen, aber was sind die gegenüber einem plötzlichen Tod, der in diesem Fall bereits vor der Tür stand? Ein halbes Jahr später wurde ich gebeten, im Rahmen der Klinik-Fortbildung diese Kasuistik zu referieren. Ich rief die Familie an und fragte, ob sie sich für diese Weiterbildung zur Verfügung stellen würden. Sie baten sich Bedenkzeit aus, sagten aber zu. Und an diesem Tag kam eine stolze junge Frau mit breitem Krempen-Hut (wegen des Haarausfalls) mit ihren Eltern, ich werde die Gesichter nie vergessen, dieses Glänzen in den Augen von Vater, Mutter und Tochter – ich hielt meinen Vortrag – dann wollte die Familie ein paar Worte sagen, weil es ihnen ein Bedürfnis war. Es folgten aufrichtige Worte der Dankbarkeit und des Glücks. Vielmehr aber beeindruckt hat mich, dass sich alle drei für die Ehrlichkeit und Aufrichtigkeit unsererseits über die gesamte Zeit bedankt haben, nie das Gefühl gehabt zu haben, abgefertigt zu werden, weil wir Ärzte unter permanentem Stress stehen. Leider ist der Kontakt dann abgebrochen, da ich Ende 2002 B. verlassen habe.

März 2017, ich bin beim Aufräumen von Aktenordnern, finde ich in einem Schrank einige Weiterbildungsvorträge, die ich vor Jahren gehalten habe. Und es fällt mir genau die eben beschriebene Kasuistik in die Hände. Vieles ist sofort wieder präsent und ich erinnere mich dann auch wieder an den Namen. Und ich schaue im Internet nach – und ich finde eine Telefonnummer – und ich rufe an. Was sagt man in solch einem Moment? Eine Frauenstimme meldet sich, ich stelle mich vor und gestehe, dass nun eine vielleicht absurd klingende Frage meinerseits kommt. Ich frage: „Waren Sie vielleicht vor 16 Jahren richtig krank?“ Wie bitte? Ich wiederhole meine Frage und erwähne das Krankenhaus. Ja, ich war einmal schwerkrank. Jetzt oute ich mich als der ITS-Arzt, der sie damals aufgenommen hat. Einen Moment ist Stille. „Das gibt's doch nicht, ich habe in den Jahren öfter an Sie denken müssen, was aus Ihnen geworden ist. An meiner Hochzeit und bei der Adoption unseres Kindes habe ich an Sie gedacht.“ Unsere Stimmen zittern nun etwas. Welch ein glücklicher Umstand, diese Patientin, heute 38-jährig, nach 16 Jahren gesund sprechen zu können. Und wir wollen uns treffen. Am 27. April 2017 ist es dann so weit, wir haben uns verabredet und ich besuche die kleine glückliche Familie im Norden von B.. Die adoptierte kleine fünfjährige Tochter begrüßt mich, als würden wir uns ewig kennen, sie müsse aber noch den Kuchen fertig backen, und schon ist sie wieder verschwunden. Später kommt sie und bringt mir ein von ihr gemaltes Bild. Keine Ahnung, wie sie das fertiggestellt hat, es zeigt sie im Krankenhaus liegend mit gebrochenem Arm nach einem Sturz vom Pony. Und noch immer trägt sie einen Verband, nachdem gerade der Gips entfernt wurde. Zum Glück habe ich natürlich ein paar Überraschungen für sie mitgebracht. Mit der Mutti unterhalte ich mich dann und wir reden über die damalige Zeit mit all den schwierigen Situationen und was die ganze Familie durchgemacht hat. Als wir uns dann trennen, bleibt ein unwahrscheinlich gutes Gefühl in mir, viele Zufälle haben neben der ärztlichen Kunst dazu geführt, dass es diese junge Familie gibt und dieses Kind wohlbehalten nach Verstoß durch die leibliche Mutter gesund und munter aufwachsen kann und eine tolle Perspektive hat.

Ich bekenne mich dazu, Schulmediziner zu sein, dafür habe ich jahrelang gekämpft, das habe ich gelernt, ausgeübt und vertreten. Ich habe inzwischen aber auch durch eigene Erfahrung gelernt, dass man verschiedensten heute existierenden Therapieoptionen gegenüber offener sein sollte. Auch im Medizinstudium sollte dies mehr Berücksichtigung finden. Ob TCM, Homöopathie oder gar heute noch verbotenen Anwendungen von Cannabis sollte man den Weg bahnen – die Entscheidungen darüber den Patienten überlassen. Vom Thema Sterbehilfe rede ich gar nicht. Wie man zu einigen „leitliniengerechten Therapieformen" steht, muss jeder selbst wissen. Ich denke, das hat mich gerade die Notfallmedizin „draußen" über Jahre gelehrt, das Wichtigste im Leben oder Wirken eines Arztes sollten eine Empirik und ein Bauchgefühl sein, wie man mit seinen Patienten um- und auf sie eingeht.

Und das werden sie uns danken!

Es ist Ende August 2016, nicht nur mein 59. Geburtstag steht vor der Tür, ein anderes Jubiläum ist mir viel wichtiger. 20 Jahre Notarzt-Tätigkeit sind in diesem Herbst fällig. Ich werde es mit Freude und Dank an viele Menschen, die mich auf diesem Lebensweg begleitet haben, mit denen ich zusammengearbeitet, gestritten, geweint, diskutiert, gelacht und gefeiert habe, feiern. Schweren Herzens habe ich mich inzwischen von der Luftrettung verabschiedet, es war eine sehr bewegende Verabschiedung, kombiniert mit einem Sommerfest Ende Juni. Diese acht Jahre, die ich in der Luft gewesen bin, kann mir keiner nehmen, und es hat sich für mich ein Traum erfüllt, diese Tätigkeit mit all ihren Höhen und Tiefen in einem wunderbaren Team erleben zu dürfen. Danke dafür. Inzwischen musste ich meinen Beruf vorerst vollständig aufgeben. Egal was kommt und was wir nicht wissen, ich würde gern in meinem Beruf als Notarzt mit einigen Erfahrungen noch ein paar Jahre arbeiten, aber die gesundheitliche Situation lässt es nicht zu, dem muss ich mich fügen. Da mir nur die Option einer Organtransplantation helfen kann, bleibt das Motto: „Rette mich, wer kann!"

NACHWORT

Im November 2016 bin ich seit 20 Jahren als Notarzt tätig, 14 Jahre davon in hauptamtlicher Tätigkeit. Eine gute Basis dafür waren eine jahrelange gründliche internistische Ausbildung, Arbeit in einer großen Klinik-Notaufnahme und über Jahre dauernde Arbeit auf einer Internistischen Intensivstation, wie auch Hospitationen in der ganzen Bundesrepublik und natürlich regelmäßige Fortbildungen. Spannend, herausfordernd, mit vielen dramatischen Bildern und Erinnerungen verbunden, aber auch mit schönen Erlebnissen, Dank von anderen Menschen und Glücksgefühlen meinerseits verbunden. Eine der schwersten Entscheidungen im Kampf um Leben und Tod stellt sicher die Frage dar, wann breche ich beispielsweise Reanimationsmaßnahmen ab? Eine Entscheidung, die einem Notarzt in der Regel präklinisch keiner abnehmen kann und wird. Es wird mir auch keiner sagen, wann ich mich diesbezüglich richtig oder falsch entschieden habe. Aber ich kann versichern, dass ich mich immer bemüht habe, für den Patienten zu entscheiden. Dazu habe ich mich nicht selten mit Angehörigen besprochen, Hausärzte telefonisch konsultiert und ehrlicherweise auch oft mein Bauchgefühl sprechen lassen. Der erste Eindruck sollte entscheiden, ich habe später nicht selten Eltern, Partner oder Kinder erlebt, die am Weiterleben als Wachkoma-Patient ihres Angehörigen selbst zerbrochen sind. Ich selbst halte es aus humanistischen, ethischen, den demografischen Entwicklungen gegebenen Gründen für unausweichlich, sich dem Thema Sterbehilfe auch aus politisch-juristischer Sicht intensiver zuzuwenden. Patientenverfügungen sind sicher ein Weg dazu, Palliativstationen, vor der Arbeit dieser Kollegen und Pflegekräfte habe ich größten Respekt. Ich bin ausdrücklich für Sterbeeinrichtungen und nicht nur im Ausland, noch dazu, wenn sich diese nur ein bestimmtes Klientel leisten können. Eines meiner Anliegen besteht auch darin, den Verbund von Familie hervorzuheben, die südländischen Völker und auch andere machen es uns vor.

Redet mit euren Kindern und Enkelkindern. Die Pflege und Betreuung der engsten Angehörigen, Kranken und Sterbenden in ihrem familiären Umkreis beizustehen, das zeugt von Nächstenliebe, Dank und Verpflichtung. Wir kennen es alle, kaum naht Weihnachten, sind die Wunschzettel gerade von Enkelkindern schnell gefüllt, am besten Geld mit vielen Nullen dran. Aber über das Jahr hinweg öfter sich zu melden, „wie geht es dir Oma oder Opa?" „Kann ich dir mal was helfen in Haus oder Wohnung? Rasen mähen, Fenster putzen oder Zuhören, wie war es denn früher?" „Willst du mal mit mir reden?" Natürlich nicht, einfach keine Zeit, dabei hätten gerade diese Menschen, die in einer anderen, vielleicht nicht besseren Welt aufgewachsen sind so viel zu berichten. Ich habe in Einsätzen Familien erlebt, die ihr ganzes Privates für die Pflege ihrer Mütter, Väter oder Kinder aufgeopfert haben, meine Hochachtung davor habe ich nicht selten verbergen können und es diesen Menschen gesagt.

Dennoch, meine Erkenntnis nach Jahrzehnten ärztlicher Tätigkeit und vielen Gesprächen mit Kollegen, Mitarbeitern, Betroffenen, Patienten oder Angehörigen:

Dieses Gesundheitssystem ist noch kränker als alle Patienten zusammen!

Natürlich können wir auf viel und modernste Technik zurückgreifen. Aber darauf allein kommt es nicht an. Wir haben zum Beispiel ein beispielloses Luftrettungssystem, in das ich acht Jahre integriert war und in dem ich vielen Menschen helfen konnte. Ob im ärztlichen Bereich oder in der Pflege, über Jahrzehnte bewährte Strukturen, Ansprüche an diesen Beruf und Nächstenliebe an Kranke und Bedürftige sind verkommen. Politiker und Ökonomen sind daran schuld. Jeder weiß es – weil es nur noch um maximalsten Profit geht.

FAZIT: Retten wir das Gesundheitssystem – aber nicht dieses. (Dr. Eckart von Hirschhausen)

Oft bin ich gefragt worden, wie man mit all dem Erlebten umgeht und was das Schlimmste war. Da gäbe es genug zu sagen, aber ich habe immer darauf hingewiesen, dass man diesen Beruf nur ausführen kann und sollte, wenn man sich dessen bewusst ist, man wird mit vielem konfrontiert. Das hat kein Studium vermittelt, man hat es für sich lernen müssen. Wenn man im wahrsten Sinne des Wortes mit Herz und Seele daran hängt, kann man dieses erlernen und damit umgehen. Lapidar, manchmal zum Schmunzeln verleitend habe ich bemerkt, na ja, ich kann ja nichts anderes. Die Reaktionen waren sehr unterschiedlich. Das meist Schwerste kommt eigentlich erst dann, wenn man nicht mehr zur Verfügung stehen kann, nicht, weil man nicht will, sondern weil man krankheitsbedingt und ungewollt den notwendigen Erforderlichkeiten nicht mehr gewachsen ist. Und ich hätte gerne noch ein paar Jahre als Notarzt gearbeitet zum Wohl derer, die uns brauchen.

Ein wirkliches Anliegen an all diejenigen, die dieses Buch gelesen haben, ist auch:

Egal, wie alt man ist und wie man sich gesundheitlich gerade fühlt, einfach mal nachdenken über das, was jeden zu jedem Zeitpunkt ereilen kann und jeden Lebensplan vollkommen unvorhergesehen in andere Bahnen lenkt. Nachdenken über Organspende, Patientenverfügung, Betreuungs- und Vorsorgevollmacht, so etwas ist nicht schnell nebenbei erledigt, sondern erfordert Zeit und Auseinandersetzung mit vielen Tabus, über die man eher nicht gerne spricht.

Auch ich hatte eine andere Lebensplanung und musste mich belehren lassen, dass das Leben nach seinen eigenen Regeln abläuft, nicht wie man selbst es sich wünscht. Nun kann es sein, dass ich selbst irgendwann als Patient die Notrufnummer 112 wählen muss und hoffentlich ein Notarzt kommt, der die Maßstäbe und Einstellung, wie es die meinen sind, verkörpert.

Abkürzungen

> AB-Polizei – Autobahnpolizei

> Adipositas – Fettsucht

> ALE – arterielle Lungenembolie

> ALS – Amyotrope Lateralsklerose

> Ambu-Beutel – Beatmungsbeutel

> Ampullarium – Tasche mit Medikamentenampullen

> Analgosedierung – Kombination von Narkose und Schmerzmitteln

> Anästhesist – Narkosearzt

> Anamnese – Krankengeschichte

> Anastomose – Verbindung zwischen zwei anatomischen Strukturen

> Aneurysma – Gefäßerweiterung

> Aorten-Abriss – Hauptschlagader abgerissen

> Argyrose – Silbereinlagerung

> Asystolie – Pulslosigkeit

- Art. Leine – in Arterie befindliche Kanüle zur Messung des arteriellen Blutdruckes
- Auto-Puls „Lukas“ - mechanische Hilfe zur Herzdruckmassage
- Autopsie – Leichenöffnung zur Feststellung der Todesursache
- ÄLRD – Ärztlicher Leiter Rettungsdienst
- BAB – Bundesautobahn
- B-II-OP – Magenoperation
- Bridging-phase – Überbrückung einer Zeit
- Bronchoskopie – Lungenspiegelung
- BTM – Betäubungsmittel
- BZ – Blutzucker
- CA – Chefarzt
- Christoph – Patron der Reisenden
- Cooling down – Herunterkühlen
- CPR – Cardiopulmonale Reanimation – Wiederbelebung
- CT/cCT – Computertomographie (c-cerebral=Hirn)
- Cuff – aufblasbarer Ballon am Tubus zur Fixierung in den Luftwegen

- DB – Deutsche Bahn
- DHZB – Deutsches Herzzentrum Berlin
- Diurese – Ausscheidung
- Draisinen-Hopping – Springen von einer zur anderen Draisine
- DTM – Deutsche Tourenmeisterschaft
- Echokardiographie – Ultraschall-Untersuchung des Herzens
- Elektromechanische Entkopplung – Sonderform des Herzstillstandes
- EKG – Elektrokardiogramm
- Empirik – Erfahrung
- Equipment – Ausrüstung
- Erweiterter Suizid – Tötung fremder Personen und dann sich selbst
- Erythrozyten-Konzentrat – Blutkonserven
- EZIO – kleine Bohrmaschine für Zugang in einen Knochen
- Extubiert – Beatmungsschlauch entfernt
- FME – Funkmeldeempfänger
- Foetor alcoholicus – Mundgeruch nach Alkohol

- Freelancer – auf Honorarbasis tätige Notärzte
- Gastroenterologie – Fachgebiet der Inneren Medizin für Magen-Darm-Krankheiten
- GIT-Blutung – Magen-Darm-Trakt-Blutung
- Glioblastom – Form von Hirntumor
- Guillain-Barré-Syndrom – Nervenkrankheit
- Hämatothorax – Blut im Brustraum (Pleuraraum)
- HI – Herzinfarkt
- HILOPE – Hilflose Person
- HNO – Hals, Nasen, Ohren
- HOPS – Hirnorganisches Psychosyndrom
- HRST – Herzrhythmusstörung
- HCEM/HCM – Hems Crew Member (Rettungsassistent auf Hubschrauber)
- HSM – Herzschrittmacher
- HWS-Fraktur – Bruch der Halswirbelsäule
- Hypothermie – Unterkühlung, die in klinischem Sinne aber gewollt ist
- IABP – Intraaortale Ballonpumpe
- ICB – Intracranielle Blutung (im Gehirn)

- IGRLST – Integrierte Großraumleitstelle
- Ikterisch – gelblich
- Implantation – operatives Einbringen von Aggregaten in den Körper
- Insult – Schlaganfall
- Intensiv-Pädiater – Kinderarzt der Intensivmedizin
- Intoxikation – Vergiftung
- ITH – Intensivtransporthubschrauber
- JVA – Justizvollzugsanstalt
- Jeep Camp – Event eines Autoherstellers
- Katecholamine – Adrenalin, Noradrenalin, Dopamin als biogene Amine
- KDD – Kriminaldauerdienst
- KH – Krankenhaus
- KHK – Koronare Herzkrankheit
- KIT – Krisen-Interventions-Team (früher Notfallseelsorger)
- Koniotomie – Luftröhrenschnitt
- Koronarangiographie – Untersuchung der Herzkranzgefäße
- Koro-Labor – Herzkatheterlabor

- Kripo – Kriminalpolizei
- KV-Arzt/Ärztin – Kassenärztliche Vereinigung
- LAD – linke Herzkranzarterie
- Laienreanimation – Wiederbelebung durch nichtmedizinisches Personal
- Laparotomie – Eröffnen der Bauchhöhle
- LNA – Leitender Notarzt
- Laryngoskop – Instrument mit Lichtquelle zur Intubation
- Larynx-Tubus – Atemwegshilfe
- Larynx-CA – Kehlkopf-Krebs
- „Licht im Hals" – unter Notärzten Begriff für Intubation
- LTX-Liste – Liste für Transplantationskandidaten
- Lyse – Auflösungsmedikament für Gerinnsel bei Gefäßverschlüssen
- Magill-Zange – abgewinkelte Fasszange zur Entfernung von Fremdkörpern
- MANV – Massenanfall von Verletzten
- MBD – Munitionsbergungsdienst
- Mediastinalemphysem – Luftansammlung im Brustkorb
- Morphium – starkes Schmerzmittel

- MOV – Multiorganversagen
- MV – Mecklenburg-Vorpommern
- Myocarditis – Herzmuskelentzündung
- NAW-Station – Notarztwagen-Station
- NA – Notarzt
- NAW/NEF – Notarztwagen/Notarzteinsatzfahrzeug
- NFA – Notfallambulanz (Notaufnahme=Rettungsstelle)
- NEF – Notarzteinsatzfahrzeug
- Nephrologische Praxis – Praxis für Nierenerkrankungen und Dialyse
- non compliant – nicht umgänglich
- OA – Oberarzt
- Olfaktorisch – den Geruchssinn/Riechnerv betreffend
- Onkologie – Fachgebiet für Krebserkrankungen
- ORLG – Organisatorischer Leiter Rettungsdienst
- Outcome – Herauskommen
- OZK – Oskar-Ziethen-Krankenhaus Berlin
- Öse – Stationsschwester
- Pathologisch – krankhaft verändert

- PAK – Pulmonalarterienkatheter
- Pneumothorax – Zusammenfall eines Lungenflügels, Luft im Brustkorb
- RA – Rettungsassistent
- RCA – rechte Herzkranzarterie
- REA – Reanimation
- Regredienz – Rückbildung
- Retrograde Amnesie – Nicht-erinnern-Können an zum Beispiel Unfallgeschehen
- RD – Rettungsdienst
- Ritzen – Schnittverletzungen durch Messer, Scherben oder Rasierklingen
- RR – Blutdruck
- RST – Rettungsstelle
- RTH/Hubi/Heli – Rettungstransporthubschrauber
- RLST – Rettungsleitstelle
- RTW – Rettungstransportwagen
- RW – Rettungswache
- SAR – Search and Rescue
- Sinusrhythmus – gleichmäßiger Herzrhythmus

- Skorbut – Mangel an Vitamin C
- Spasmen – Krämpfe
- Stent – Gefäßprothese
- Stifneck – Krawatte zur Stabilisierung der Halswirbelsäule
- Stuporös – erstarrt
- Suizid – Selbstmord
- SUV – Sport Utility Vehicle (Geländelimousine)
- TAA – Tachyarrhythmia absoluta
- TCM – Traditionelle Chinesische Medizin
- THW – Technisches Hilfswerk
- Tibia – Unterschenkelknochen
- Thorax-CT – Computertomographie des Brustraumes
- Thoraxdrainage – Schlauch zur Entlastung des Brustkorbes nach Zusammenfall der Lunge
- Thrombus – Blutgerinnsel
- TOF – Tag ohne Flugstunden
- Trachealkanüle – Beatmungskanüle nach Luftröhrenschnitt
- Trauma-Zentrum – Spezialabteilung eines Krankenhauses für Unfallopfer

- Tubus – Plastikschlauch zur Beatmung
- TX-Ambulanz – Sprechstunde für Transplantationspatienten
- TX-Komplikationen – Transplantationskomplikationen
- Ultima Ratio – das letzte Mittel
- UKB – Unfallkrankenhaus Berlin
- Vakuummatratze – sichere Lagerungsmöglichkeit für Wirbel-säulenverletzte
- Vena jugularis externa – Halsvene
- Venöser Zugang – Gefäßeingang zur Medikamenten- oder Tropfbehandlung
- Videolaryngoskpie – Intubation über einen kleinen Monitor am Gerät
- VKU – Verkehrsunfall
- WAPO – Wasserschutzpolizei
- Weaning – Entwöhnung eines Patienten von der Beatmungsmaschine
- ZVK – Zentraler Venenkatheter

Innenabblidungen

S. 5 © Familienwappen, Dr. med. Wolfgang Ulrich Wachs
S. 13 © Allergische Reaktion nach Wespenstich, privat
S. 16 © Archäologe von PKW erfasst, privat
S. 19 © Amputation, M. Lindner
S. 20 © Amputation, M. Lindner
S. 25 © Bolustod, privat
S. 27 © Bombenalarm, Polizei im Einsatz, privat
S. 28 © nach Bombenalarm, privat
S. 30 © Bootsbrand Hafen, privat
S. 39 © Gefahrgut-Unfall Autobahn, privat
S. 33 © Gefahrgut-Unfall Autobahn, privat
S. 33 © Gefahrgut-Unfall Tanklaster, privat
S. 34 © Chemieunfall Schule, St. Radtke
S. 35 © Chemieunfall Schule, St. Radtke
S. 37 © Hirninfarkt/Blutung, privat
S. 45 © Drogenproblem, privat
S. 48 © Erfrieren, privat
S. 57 © Flugzeugabsturz, privat
S. 58 © Absturz Fallschirmspringer, privat
S. 60 © G8 Gipfel Heiligendamm 2007, privat
S. 61 © G8 Gipfel Air Force One und Präsidenten-Helis in Laage, privat
S. 62 © Fußball-WM 2006 Berlin, privat
S. 62 © Fusions-Festival Lärz, privat
S. 63 © Jeep Camp an der Müritz, privat
S. 65 © Herzinfarkt, privat
S. 65 © Herzinfarkt, privat
S. 69 © Höhenrettung, privat
S. 70 © Höhenrettung, privat

S. 72 © Geh. San. Rat Dr. Ottomar Wachs, privat
S. 83 © Unglücksgrundstück Fam. B., Fam. Beyer
S. 84 © Jan Fiete auf ITS, privat
S. 84 © Fiete zu Besuch bei Christoph 39, privat
S. 85 © Dankeschön an Christoph 39, Fam. Beyer
S. 87 © Punktlandung auf Marktplatz, privat
S. 88 © Kinder-Reanimation, privat
S. 92 © Aufenthaltsraum Kindereinrichtung, privat
S. 92 © M. in Handschellen, privat
S. 99 © Leichenfund Baby, privat
S. 106 © Motorrad-Unfall, privat
S. 106 © Motorrad-Unfall Rest der Maschine, privat
S. 107 © Motorrad-Unfall Patient, privat
S. 116 © MANV Anflug RTH's, M. Lindner
S. 117 © MANV RTH's stehen einsatzbereit, M. Lindner
S. 119 © MANV Bus/PKW, privat
S. 119 © MANV Bus/PKW, privat
S. 120 © Messi-Wohnung, privat
S. 122 © Naturkatastrophe-zertrümmertes Wohnmobil,privat
S. 123 © Hochwasser Prignitz 2015, K. Hefter
S. 124 © Hochwasser Prignitz 2015 – Hilfe aus der Luft, K. Hefter
S. 124 © Hochwasser Prignitz 2015 – Alles was geht, K. Hefter
S. 126 © Omnibus – Unfall Übung, privat
S. 132 © Hypothermie – Selbstversuch, privat
S. 133 © Hypothermie – Patient nach Reanimation, privat
S. 134 © Rechtsradikal –Vorderansicht, privat
S. 135 © Rechtsradikal – A. Hitler auf Unterarm, privat
S. 136 © Rechtsradikal – Rücken, privat
S. 139 © ROSANA Lego Klinik, privat
S. 139 © ROSANA Besuch, privat
S. 142 © Suizid Erschießen, privat
S. 142 © Suizid Erschießen, privat
S. 147 © Sturz mit Telefonmast, privat
S. 154 © Tier-Rettung, privat
S. 155 © Pferdetransporter von Baum zerstört, privat
S. 155 © Jeep von Pferdhänger zertrümmert, privat

S. 160 © Verunfalltes NEF, privat
S. 161 © Unfall mit RTW, privat
S. 166 © Erektionshilfe für Penis, privat
S. 171 © VKU auf Autobahn, privat
S. 174 © VKU PKW gegen Baum, privat
S. 174 © VKU PKW/Sattelzug, privat
S. 175 © VKU PKW Drogen, privat
S. 175 © VKU Landstraße, privat
S. 179 © VKU herausgeschleuderter Patient, privat
S. 180 © VKU LKW, privat
S. 184 © Zustand nach Verpuffung, privat
S. 185 © Geplökerte Gänse, privat
S. 188 © Verschüttung, privat
S. 190 © Unwetter über der Müritz, privat
S. 191 © Suche nach vermißter Person, privat
S. 194 © Windradunfall, privat
S. 194 © Windradunfall, privat
S. 197 © Unfall Zug/Kleinbus Suizid, privat

Der Autor

Wolfgang Wachs, Jahrgang 1957, machte zunächst eine Ausbildung als Facharbeiter, war Eilbote bei der Post, Hilfskrankenpfleger und Soldat. Dann beschloss er, das Abitur nachzuholen und sich für ein Medizinstudium zu bewerben. 1984 schrieb er sich an der Universität Leipzig ein und schloss das Studium der Humanmedizin erfolgreich ab. 1990 begann er die Facharztausbildung für Innere Medizin, es folgten die Fachkunde Rettungsdienst und Promotion. Seit 2004 ist Dr. Wachs Notarzt beim DRK und seit 2006 weltweit anerkannter Flying Medical Doctor, in der ADAC-Luftrettung seit 2008 tätig. Dr. Wachs ist Notarzt mit Leib und Seele: Trotz der im Privatleben gebrachten Opfer würde sich der Autor immer wieder für diese Tätigkeit entscheiden.

In seiner Freizeit ist der lebenslustige Dr. Wachs gern auf Reisen und schreibt seine Erlebnisse und Eindrücke nieder.

Nach einigen Artikeln in Fachzeitschriften ist dies seine erste Buchveröffentlichung.